na livraria com Orwell

na livraria
com Orwell
ensaios sobre livros,
literatura e escrita
George Orwell
organização
e tradução:
Gisele Eberspächer

LOTE 42

6 *Memórias de livraria*

14 Livros e cigarros

22 **Por que eu escrevo**

34 *Bons livros ruins*

40 *Confissões de um crítico literário*

46 Em defesa da literatura

66 **A Política e a Língua Inglesa**

86 *Política Vs. Literatura:*
Uma Análise das Viagens de Gulliver

116 Confissões de uma tradutora

Memórias de livraria

(publicado originalmente na revista *Fortnightly* em 1936)

Quando eu trabalhava em um sebo – e só quem nunca trabalhou em um consegue imaginar um sebo como uma espécie de paraíso frequentado por cavalheiros charmosos de certa idade olhando eternamente para volumes encadernados em couro de carneiro –, ficava realmente chocado com o quão raras são as verdadeiras pessoas dos livros. Nossa loja tinha uma coleção excepcionalmente interessante, mas duvido que dez por cento dos nossos clientes conseguissem diferenciar um livro bom de um livro ruim. Os colecionadores esnobes de primeiras edições eram bem mais comuns do que amantes da literatura, mas estudantes orientais economizando com livros didáticos baratos eram ainda mais comuns, e mulheres de mente vazia procurando presentes de aniversário para seus sobrinhos eram o tipo mais comum de todos.

Muitos dos que nos procuravam eram do tipo de pessoa que seria um aborrecimento em qualquer outro lugar, mas que acaba encontrando uma oportunidade especial em uma livraria. Por exemplo, uma senhora de idade simpática que "quer um livro para uma pessoa inválida" (uma demanda comum, diga-se de passagem), e uma outra senhora simpática que leu um livro tão bom em 1897 e gostaria de saber se você consegue encontrar uma cópia para ela. Infelizmente, ela não lembra nem o título nem o autor, nem sobre o que que era o livro, mas lembra que a capa era vermelha. Além disso, existem dois tipos de pragas bem conhecidas que assombram todos os sebos. Uma delas é a pessoa em decadência, com cheiro de casca de pão velho, que vem diariamente, ou até mais de uma vez por dia, tentando vender livros sem valor algum. O outro tipo é a pessoa que encomenda uma quantidade grande de livros sem qualquer interesse de pagar por eles. Na nossa loja, não vendíamos fiado, mas reservávamos livros, ou até encomendávamos se necessário, para pessoas que combinassem buscá-los depois. Cerca de metade das pessoas que encomendavam livros conosco nunca mais voltavam. No começo, isso me intrigava. Por que faziam isso? Eles vinham e solicitavam um livro raro e caro, nos faziam prometer várias vezes que o guardaríamos para eles, e então desapareciam do mapa. Mas muitos eram, claro, inquestionavelmente loucos. Falavam de maneira grandiosa sobre si mesmos e contavam histórias mirabolantes para explicar como saíram de casa sem dinheiro – histórias que, em muitos casos, tenho certeza que até eles acreditavam. Sempre existem vários lunáticos não muito autênticos andando pelas ruas de uma cidade como Londres, e eles tendem a ser atraídos por livrarias, porque livrarias são um dos poucos lugares onde você pode ficar algum tempo sem gastar qualquer dinheiro. No fim, dá para reconhecer essas pessoas só de olhar. Apesar de todo falatório, há algo de surrado e errante nelas. Com frequência, quando se tratava explicitamente de um louco, separávamos os livros que ele pedia e os colocávamos de volta na estante assim que ele saísse pela porta. Mas notei que nenhum deles tentou levar livros sem pagar por eles; fazer o pedido era suficiente – dava a eles, eu imagino, a ilusão de que estavam gastando dinheiro de verdade.

Como a maioria dos sebos, nós oferecíamos alguns outros produtos. Vendíamos máquinas de escrever de segunda mão, por exemplo, mas também selos – usados, claro. Colecionadores de selo são uma espécie estranha, quieta e parecida com peixes. São de todas as idades, mas são sempre homens; mulheres, aparentemente, não veem o charme peculiar de grudar pedaços coloridos de papel em álbuns. Também vendíamos por seis *penny* o horóscopo, compilado por uma pessoa que afirma ter previsto o terremoto do Japão. Eles eram embalados em envelopes, e eu mesmo nunca abri nenhum, mas as pessoas que os compravam com frequência voltavam e nos diziam o quão certo tinham dado. (Sem sombra de dúvidas qualquer horóscopo parece ser verdadeiro se diz que você é muito atraente para o sexo oposto e que seu pior defeito é a generosidade.) Vendíamos muitos livros infantis, principalmente sobras de estoque. Livros modernos para crianças são coisas horríveis, sobretudo quando são vistos em conjunto. Pessoalmente, eu preferiria dar um Petrônio de presente para uma criança no lugar de um Peter Pan, mas até o Barrie parece mais másculo e íntegro se comparado com alguns de seus imitadores. No período do Natal, passávamos uns dez dias febris lidando com cartões e calendários, coisas enfadonhas de vender que rendem bastante durante esse período. Me intrigava ver o cinismo brutal com o qual o sentimento natalino é explorado. Os vendedores das empresas de cartão de Natal apareciam com os catálogos já em junho. A frase de uma das faturas permanece na minha memória. Era: "Duas dúzias. Jesus bebê com coelhos".

Mas nosso principal negócio secundário era uma biblioteca – a típica biblioteca de dois *penny* por empréstimo sem necessidade de caução, com cerca de quinhentos ou seiscentos volumes, todos de ficção. Os ladrões de livros devem adorar essas bibliotecas! É o crime mais fácil do mundo emprestar um livro de uma loja por dois centavos, tirar a etiqueta e vender em outra loja por um *shilling*[1]. Mesmo assim, vendedores de livro acabam descobrindo que vale mais a pena ter alguns livros roubados (perdíamos cerca de 12 por mês) do que assustar os consumidores exigindo uma soma maior antecipada.

Nossa loja ficava na fronteira entre Hampstead e Camden Town e era frequentada por todo o tipo de pessoas, de baronetes a motoristas de ônibus. Os assinantes da nossa biblioteca provavelmente vinham de todos os perfis de leitores londrinos.

---

[1] N.T.: Uma libra corresponde a 20 *shillings*, e um *shilling* corresponde a 12 *pence* (no singular, *penny*).

Portanto, é importante mencionar que, de todos os autores da nossa biblioteca, o que mais "saía" era Priestley? Hemingway? Walpole? Wodehouse? Não. Era Ethel M. Dell, com Warwick Deeping em segundo e, provavelmente, Jeffrey Farnol em terceiro. Os romances de Dell, claro, eram em geral lidos por mulheres, mas por mulheres de todos os jeitos e idades e não, como se imaginaria, somente por solteironas melancólicas ou esposas gordas de vendedores de tabaco. Não é verdade que homens não leem romances, mas é verdade que existem ramos da ficção que eles evitam. Em termos gerais, o que se chama de romance mediano – comum, bem vs. mal, tipo um Galsworthy bem água com açúcar, a norma do romance inglês – parece existir para as mulheres. Homens leem ou os romances que é possível respeitar ou romances policiais. O consumo de romances policiais é incrível. Um dos nossos assinantes leu, até onde eu saiba, quatro ou cinco romances policiais por semana durante um ano, além de outros que pegou em outras bibliotecas. O que me surpreendeu sobretudo é que ele nunca leu o mesmo livro mais de uma vez. Parece que toda a quantidade torrencial de lixo (as páginas lidas anualmente, segundo meus cálculos, cobririam três quartos de um acre) ficou gravada para sempre em sua memória. Ele não dava muita atenção para os títulos ou autores, mas conseguia saber só de olhar para um livro se já tinha lido ou não.

Em uma biblioteca de empréstimo, se percebe os gostos reais das pessoas, não os fingidos, e é visível como os romancistas ingleses "clássicos" caíram muito. É inútil colocar Dickens, Thackeray, Jane Austen, Trollope etc. na estante comum; ninguém os pega emprestado. Só de olhar um romance do século XIX as pessoas dizem "Ah, mas isto é velho!" e viram a cara. Mas ainda assim é bem fácil vender livros do Dickens, assim como é fácil vender Shakespeare. Dickens é um desses autores que as pessoas sempre "querem" ler, mas, assim como a Bíblia, são textos que ficam conhecidos pelo boca a boca. As pessoas ouviram dizer que Bill Sikes era um ladrão e que o Senhor Micawber era careca, assim como ouviram dizer que Moisés foi encontrado em um cesto de junco e que viu as costas de Deus. Outra coisa muito perceptível é o declínio da popularidade dos livros americanos. E mais uma coisa que alarma os editores a cada dois ou três anos: a falta de popularidade dos contos. O tipo de pessoa que pede que o bibliotecário escolha um livro para ele normalmente começa com "eu não quero contos", ou ainda, "não desejo histórias curtas", como um consumidor alemão uma vez disse. Se você pergunta o motivo, eles às vezes explicam que é uma chatice se acostumar com um novo conjunto de personagens a cada conto; gostam de "entrar" em um romance que não demande muito pensamento depois do primeiro capítulo. Acredito, porém, que escritores são mais culpados que leitores nesse caso. A maioria dos contos modernos, ingleses ou americanos, não têm vida e valor, muito distantes da maioria dos romances. Os contos de histórias são populares, vide D.H. Laurence, cujos contos saem tanto quanto os romances.

Se eu gostaria de ser livreiro de carreira? No fim – apesar da generosidade do meu empregador, e alguns bons dias que passei na loja –, não.

Com a inclinação certa e a quantia certa de capital, qualquer pessoa educada conseguiria fazer com que uma livraria rendesse minimamente bem. A não ser que a pessoa entre no negócio de livros raros, vender livros não é um comércio difícil de se aprender, e você já tem uma grande vantagem se souber algo da parte interna dos livros. (A maioria dos livreiros não sabe. Para se ter uma ideia, basta olhar a papelada onde fazem seus pedidos. Se você não vir uma propaganda de o *Declínio e Queda*, de Boswell, você provavelmente verá uma de *O moinho na frente do rio*, de T.S. Eliot.) É um comércio humanizado, que não pode passar de um certo limite de vulgaridade. Os conglomerados nunca vão conseguir espremer os vendedores pequenos e independentes do mercado como conseguiram com as lojas de comida ou com os leiteiros. Mas exige muitas horas de trabalho – eu trabalhava apenas meio período, mas meu empregador trabalhava 70 horas por semana, além de viajar por horas para comprar livros – e pode ser uma vida não tão saudável. Via de regra, uma livraria é terrivelmente fria no inverno, por que se for muito quente as janelas se enchem de umidade e um vendedor vive por suas janelas. E os livros acumulam mais poeira do que qualquer outro objeto já inventado, e a parte de cima de um livro é o lugar no qual a maioria das moscas prefere morrer.

Livros e cigarros

(publicado originalmente na *Tribune* em 1946)

Há alguns anos, um amigo meu, editor de jornal, estava vigiando o fogo[2] com alguns trabalhadores de fábrica. A conversa acabou chegando no jornal, lido e aprovado pela maioria deles. Mas quando o editor lhes perguntou o que achavam da seção literária, a resposta foi: "Você não acha mesmo que lemos essas coisas, né? Ora, na metade das vezes vocês estão falando de livros que custam doze *shillings* e seis *pence*! Caras como nós não podem gastar doze *shillings* e seis *pence* em um livro". Esses, disse meu amigo, eram homens que não pensavam duas vezes para gastar várias libras em uma viagem de um dia a Blackpool.

Esta ideia de que comprar ou simplesmente ler livros é uma atividade cara e além das possibilidades de uma pessoa comum é tão difundida que merece ser examinada com mais atenção. É difícil estimar o quanto a leitura custa, contando em termos de *pence* por hora, mas comecei fazendo um inventário dos meus livros e somando seu preço total. Depois de contabilizar outras despesas, consigo fazer um palpite sobre meus gastos nos últimos quinze anos.

Os livros que contei e somei no valor final são os que tenho aqui no meu apartamento. Tenho uma quantidade similar armazenada em outro lugar, então vou duplicar o valor final para chegar ao total. Não contei casos excepcionais, como provas de editora, volumes com defeitos, edições baratas com capas em

---

2 N.T.: Durante a Segunda Guerra Mundial, cerca de 6 mil pessoas foram recrutadas na Inglaterra para fazer uma vigília depois do horário de trabalho para monitorar a explosão de bombas inimigas (alemãs) e apagar o fogo caso fosse necessário.

papel, panfletos ou revistas, a não ser os encadernados em forma de livro. Tampouco contei os livros que na realidade já são lixo – livros escolares antigos e assim por diante – que se acumulam nos fundos dos armários. Contei apenas os livros que adquiri voluntariamente, ou então teria adquirido voluntariamente, e que pretendo guardar. Nessa categoria tenho 442 livros, adquiridos das seguintes maneiras:

> Comprados (a maioria de segunda mão): 251
> Presentes ou comprados com vales: 33
> Cópias para resenha ou de cortesia: 143
> Emprestado e não devolvido: 10
> Temporariamente emprestado: 5
> Total: 442

Agora, o método de definição de preço. Estimei o melhor possível o preço total dos livros que comprei, assim como os presentes, os emprestados temporariamente e os emprestados e não devolvidos. Isso porque os livros dados, emprestados e roubados se compensam. Eu tenho livros que tecnicamente não são meus, mas existem livros tecnicamente meus com outras pessoas: então os livros que tenho e pelos quais não paguei são contrabalanceados pelos livros pelos quais paguei, mas não estão mais comigo. Por outro lado, considerei metade do preço para livros que recebi para resenha ou como cortesia. Isso se refere ao que eu teria pago por eles se os comprasse usados, já que em sua maioria eu os teria comprado assim ou nem comprado. Quanto aos preços: por vezes, precisei adivinhar, mas os números não vão diferir muito. Os custos foram os seguintes:

	£	s.	d.[3]
Compra	36	9	0
Presentes	10	10	0
Cópias de cortesia etc.	25	11	9
Emprestado e não devolvido	4	16	9
Temporariamente emprestado	3	10	0
Prateleiras	2	0	0
Total	82	17	6

Acrescentando o outro lote de livros, aparentemente possuo ao todo quase 900 livros, a um custo de £165 15s. Esse acúmulo é resultado de cerca de quinze anos – ou até mais, já que alguns dos livros datam da minha infância –, mas vamos considerar quinze anos. Isso quer dizer que foram £11 1s. por ano, mas existem outras despesas que devem ser acrescentadas para estimar o valor total do hábito da leitura. A maior delas é destinada para jornais e periódicos: £8 por ano deve ser um valor razoável. Oito libras por ano cobrem o custo de dois jornais diários, um jornal noturno, dois jornais de domingo, uma revista semanal e uma ou duas revistas mensais. Isso eleva o valor anual para £19 1s., mas para chegar ao total geral é preciso mais uma estimativa. É óbvio que, com frequência, se gasta dinheiro em livros, sem que isso deixe uma prova material depois. Estou pensando em assinaturas da biblioteca ou nos livros, principalmente da Penguin ou outras edições baratas, que se compra e depois se perde ou se joga fora. Entretanto, com base nos meus outros números, parece que £6 por ano seria o suficiente para adicionar despesas desse tipo. Assim, minhas despesas totais de leitura ao longo dos últimos quinze anos têm sido da ordem de £25 anuais.

---

[3] N.T.: Abreviação de *pounds, shillings and pence*: referência ao sistema monetário usado no Reino Unido até 1971.

Vinte e cinco libras por ano é um valor que soa bastante alto até ser comparado com outras despesas. Isso dá cerca de 9 *shillings* e 9 *pence* por semana, o que equivale atualmente a cerca de 83 cigarros (Players): mesmo antes da guerra, o valor compraria menos do que 200 cigarros. Com os preços do jeito que estão hoje em dia, gasto muito mais com tabaco do que com livros. Fumo cerca de 170 gramas por semana. Com cada 30 gramas custando cerca de meia coroa[4], fumar custa £40 por ano. Mesmo antes da guerra, quando a mesma quantidade de tabaco custava 8 *pence*, eu gastava mais de £10 por ano com isso. E se comprasse em média um litro de cerveja por dia a seis *pence*, teria gasto quase quase £20 por ano com esses dois itens. Isso provavelmente não estava muito acima da média nacional. Em 1938, cada pessoa desse país gastava quase £10 por ano com álcool e tabaco; no entanto, 20% da população eram crianças menores de quinze anos e outros 40% eram mulheres, de modo que o fumante e bebedor médio deve ter gasto muito mais do que £10 por ano. Em 1944, o gasto anual por habitante com esses itens não era inferior a £23. Considerando mulheres e crianças como antes, £40 é um valor individual razoável. Quarenta libras por ano pagariam um pacote diário de Woodbines e 300 ml de uma cerveja leve seis dias por semana – nada de muito especial. É claro que todos os preços, incluindo o preço dos livros, estão inflacionados agora. Ainda assim, parece que o custo da leitura, mesmo optando pela compra e não pelo empréstimo de livros, e adicionando um número grande de jornais e revistas, não é maior do que o custo combinado de fumar e beber.

    É difícil estabelecer qualquer relação entre o preço dos livros e o valor que se obtém deles. "Livro" inclui romances, livros de poesia, livros didáticos, obras de referência, tratados sociológicos e muito mais, e o tamanho e o preço não correspondem

---

[4] N.T.: Dois *shillings* e seis *pence*.

um ao outro, principalmente quando se compra livros usados. É possível gastar dez *shillings* em um poema de 500 linhas e seis *pence* em um dicionário que se consulta em momentos ímpares durante um período de vinte anos. Há livros que são relidos muitas vezes, livros que se tornam parte da mobília da mente de alguém e que alteram nossa atitude em relação à vida, livros lidos em trechos, mas nunca na íntegra, livros que se leem em uma única sentada e se esquecem uma semana depois; e o custo, em termos de dinheiro, pode ser o mesmo em cada caso. Mas se considerarmos a leitura simplesmente como uma recreação, como ir ao cinema, então é possível fazer uma estimativa aproximada do custo. Se você não lesse nada além de romances e literatura leve, e comprasse todos os livrosque lê, estaria gastando – considerando oito *shillings* como preço de um livro, e quatro horas como tempo gasto na leitura – dois *shillings* por hora. Esse é o custo de uma das poltronas mais caras do cinema. Se você se concentrasse em livros mais sérios, e ainda assim comprasse tudo o que lesse, suas despesas seriam praticamente as mesmas. Os livros custariam mais, mas levariam mais tempo para serem lidos. Em ambos os casos, você ainda possuiria os livros depois de tê-los lido, e eles poderiam ser vendidos por cerca de um terço do preço de compra. Se você comprasse apenas livros usados, suas despesas de leitura seriam, naturalmente, muito menores: talvez seis *pence* por hora seria uma estimativa justa. E, por outro lado, se você não comprar nada, mas usar bibliotecas, a leitura custa cerca de meio centavo por hora: se for uma biblioteca pública, não custa nada.

Já disse o suficiente para mostrar que a leitura é um dos entretenimentos mais baratos. Depois de ouvir rádio, é provavelmente *o* mais barato. Enquanto isso, qual é a quantia real que o público britânico gasta em livros? Não consegui descobrir um número, embora, sem dúvida, ele exista. Mas sei que antes da guerra, esse país publicava anualmente cerca de 15 mil livros, incluindo reimpressões e livros escolares. Se até

10 mil exemplares de cada livro fossem vendidos – essa deve ser uma estimativa alta, mesmo considerando os livros escolares –, uma pessoa média só compraria, direta ou indiretamente, cerca de três livros por ano. Esses três livros juntos podem custar £1 ou até menos.

Esses números são estimativas, e eu tenho interesse que alguém possa conferi-los para mim. Mas se minha estimativa está correta, não é um recorde orgulhoso para um país que é quase 100% alfabetizado e onde o homem comum gasta mais em cigarros do que um camponês indiano tem para todo seu sustento. E se nosso consumo de livros permanecer tão baixo quanto tem sido, podemos ao menos admitir que é porque ler seja um passatempo menos excitante do que ir em corridas de cães, ao cinema ou ao *pub*, e não porque os livros, comprados ou emprestados, sejam muito caros.

Por que eu escrevo

(Publicado originalmente na revista *Grangel* em 1946)

Desde muito cedo, quando tinha cinco ou seis anos, eu sabia que, quando crescesse, provavelmente seria escritor. Tentei abandonar essa ideia entre os dezessete e os vinte e quatro anos, mas tinha consciência de que estava ultrajando minha verdadeira natureza e que, mais cedo ou mais tarde, eu deveria parar quieto e escrever livros.

Eu tinha dois irmãos e era o filho do meio, com um intervalo de cinco anos para cada um deles, e mal vi meu pai antes de ter oito anos. Por esta e outras razões, me sentia um pouco só, e logo desenvolvi maneirismos desagradáveis que me tornaram impopular durante meus tempos de escola. Tinha o hábito da criança solitária de inventar histórias e manter conversas com pessoas imaginárias e acho que, desde o início, minhas ambições literárias estavam misturadas com a sensação de me sentir isolado e desvalorizado. Sabia que tinha uma facilidade com palavras e um poder de enfrentar fatos desagradáveis, e senti que isso criava uma espécie de mundo privado no qual eu podia lidar sozinho com o meu fracasso na vida cotidiana. No entanto, o volume de escritos sérios – ou seja, com intenção séria – que produzi durante toda a minha infância e adolescência não chegaria a meia dúzia de páginas. Escrevi meu primeiro poema aos quatro ou cinco anos de idade, eu ditando, minha mãe escrevendo. Não me lembro de nada sobre ele, exceto que era sobre um tigre e o tigre tinha "dentes tipo cadeira" – uma frase boa o suficiente, mas eu tenho o poema como um plágio do "*Tigre, tigre*" de William Blake. Aos onze anos, quando a guerra de 1914-18 eclodiu, escrevi um poema patriótico que foi impresso no jornal local, como foi outro, dois anos depois, sobre a morte do marechal Kitchener. Às vezes, quando eu já era um pouco mais velho, escrevia "poemas da natureza", ruins e geralmente inacabados, no estilo georgiano. Tentei também escrever um pequeno conto, o que foi um fracasso horrível. Essa foi a quantidade total de trabalho sério que eu realmente coloquei no papel durante todos aqueles anos.

No entanto, durante todo esse tempo, me dediquei, de certa forma, a atividades literárias. Para começar, havia as coisas por encomenda que eu produzia rapidamente, com facilidade e sem muito prazer pessoal. Com exceção dos trabalhos escolares, escrevia alguns *vers d'occasion*, poemas semicômicos que produzia a uma velocidade que agora me parece espantosa – aos catorze anos escrevi uma peça inteira rimada, imitando Aristófanes, em cerca de uma semana – e ajudei a editar uma revista escolar, tanto impressa como manuscrita. Essas revistas eram as coisas burlescas mais miseráveis que você pode imaginar, e eu tive muito menos problemas com elas do que teria agora com o jornalismo barato. Mas, ao mesmo tempo, conduzi, por quinze anos ou mais, um exercício literário de um tipo bem diferente: a composição de uma "história" contínua sobre mim mesmo, uma espécie de diário existente apenas na minha mente. Acredito que este seja um hábito comum das crianças e adolescentes. Quando era uma criança muito pequena, costumava imaginar que eu era, por exemplo, Robin Hood e me via como o herói de aventuras emocionantes, mas logo minha "história" deixou de ser grosseiramente narcisista e se tornou cada vez mais uma mera descrição do que estava fazendo e das coisas que via. Esse tipo de coisa passava pela minha cabeça por minutos a fio: "Ele empurrou a porta e entrou na sala. Um feixe amarelo de luz do sol, filtrado pelas cortinas de musselina, se inclinava sobre a mesa, onde uma caixa de fósforos semi-aberta estava ao lado do tinteiro. Com a mão direita no bolso, ele se moveu para a janela. Na rua, um gato pintado estava perseguindo uma folha caída" etc., etc. Esse hábito continuou até os meus vinte e cinco anos de idade, mesmo durante meus anos não literários. Embora eu tivesse que procurar, e tenha procurado, as palavras certas, eu parecia estar fazendo esse esforço descritivo quase contra minha vontade, sob uma espécie de coerção externa. A "história" deve, suponho, ter refletido os estilos dos vários escritores que admirei em diferentes momentos, mas até onde me lembro, sempre tiveram uma descrição meticulosa como característica.

Quando eu tinha uns dezesseis anos, descobri de repente a alegria das palavras, ou seja, dos sons e das associações de palavras. As linhas do Paraíso Perdido,

*So hee with difficulty and labour hard
Moved on: with difficulty and labour hee.*

[Ele com imporéns e esforço árduo,
Seguiu, com imporéns e esforço ele[5].]

que agora nem me parecem tão maravilhosas assim, me deram calafrios na espinha; e a grafia *"hee"* (ao invés de *he*) foi um prazer adicional. No que diz respeito à necessidade de descrever as coisas, eu já sabia tudo. Portanto, é claro qual tipo de livros eu queria escrever, na medida em que se podia dizer que eu queria escrever livros naquela época. Eu queria escrever enormes romances naturalistas com finais infelizes, cheios de descrições detalhadas e similitudes de prisão, e também cheios de passagens rebuscadas nas quais as palavras eram usadas em parte por causa de seu próprio som. E de fato, meu primeiro romance completo, *Dias na Birmânia*, que escrevi quando tinha trinta anos, mas planejei muito antes, é um livro desse tipo.

---

5 N.T.: Milton, John. Paraíso Perdido. Tradução de Daniel Jonas. São Paulo: Editora 34, 2015. p. 185.

Eu dou todas essas informações porque não acho que se possa avaliar os motivos de um escritor sem saber algo de seu desenvolvimento inicial. Seu assunto será determinado pela época em que vive – isso pelo menos é verdade em épocas tumultuadas e revolucionárias como a nossa – mas antes de começar a escrever, ele terá adquirido uma atitude emocional da qual nunca escapará por completo. É seu trabalho, sem dúvida, disciplinar o temperamento e evitar ficar preso em algum estágio imaturo, em algum estado de espírito perverso; mas se ele escapar completamente de suas primeiras influências, ele terá matado seu impulso de escrita. Deixando de lado a necessidade de ganhar a vida, acho que há quatro grandes motivos para se escrever, ao menos para escrever prosa. Eles existem em diferentes graus em cada escritor, e em qualquer um as proporções variam de tempos em tempos, de acordo com a atmosfera em que ele está vivendo. São eles:

(i) Egoísmo puro. Desejo de parecer esperto, de ser conhecido, de ser lembrado após a morte, de virar as costas para os adultos que o desprezaram na infância etc, etc. É uma fraude fingir que esse não é um motivo e que é um motivo forte. Os escritores compartilham essa característica com cientistas, artistas, políticos, advogados, soldados, homens de negócios de sucesso – em resumo, com toda a camada superior da humanidade. A grande massa de seres humanos não é muito egoísta. Após cerca de trinta anos de idade, eles quase abandonam a sensação de serem indivíduos e vivem principalmente para os outros, ou são simplesmente sufocados pela escravidão. Mas há também uma minoria de pessoas dotadas e voluntariosas que estão determinadas a viver ao máximo suas próprias vidas, e os escritores pertencem a essa classe. Os escritores sérios, eu deveria dizer, são, no geral, mais vaidosos e egocêntricos do que os jornalistas, embora menos interessados em dinheiro.

(ii) Entusiasmo estético. Percepção da beleza no mundo externo ou, por outro lado, em palavras e em sua disposição correta. Prazer no impacto de um som sobre outro, na firmeza de uma boa prosa ou no ritmo de uma boa história. Desejo de compartilhar uma experiência que acredita ser valiosa e não deve ser perdida. O motivo estético é muito fraco em muitos escritores, mas mesmo um escritor de panfletos ou livros didáticos terá palavras e frases que o atraem por razões não utilitárias; ou pode ter sentimentos fortes em relação à tipografia, à largura das margens etc. Para além do nível de uma lista telefônica, nenhum livro está completamente livre de considerações estéticas.

(iii) Motivação histórica. Desejo de ver as coisas como elas são, de descobrir fatos verdadeiros e armazená-los para o uso da posteridade.

(iv) Objetivo político. Uso a palavra "político" no sentido mais amplo possível. Desejo de empurrar o mundo em uma determinada direção, de alterar a ideia de outros povos sobre o tipo de sociedade pela qual eles devem lutar. Mais uma vez, nenhum livro está genuinamente livre de preconceitos políticos. A opinião de que a arte não deve ter nada a ver com política é, em si mesma, uma atitude política.

Pode-se ver como esses vários objetivos acabam guerreando uns contra os outros, e como se alternam de pessoa para pessoa de tempos em tempos. Por natureza – entendo a "natureza" aqui como o estado do indivíduo quando atinge a vida adulta – eu sou uma pessoa na qual os três primeiros motivos superariam o quarto. Em uma era pacífica, eu poderia ter escrito livros ornamentados ou meramente descritivos e poderia ter permanecido quase inconsciente de minhas lealdades políticas. Do jeito que estão as coisas, fui forçado a me tornar uma espécie de panfletário. Primeiro passei cinco anos em uma profissão inadequada (na Polícia Imperial Indiana, na Birmânia) e depois passei pela pobreza e pela sensação de fracasso. Isso aumentou meu ódio natural pela autoridade e me fez ter, pela primeira vez, plena consciência da existência das classes trabalhadoras. O trabalho na Birmânia também me deu alguma compreensão da natureza do imperialismo, mas essas experiências não foram suficientes para me dar uma orientação política precisa. Depois veio Hitler, a Guerra Civil Espanhola etc. No final de 1935, eu ainda não havia conseguido chegar a uma decisão firme. Lembro-me de um pequeno poema que escrevi naquela época, expressando meu dilema:

> Um feliz vigário eu teria sido
> Mais de duzentos anos atrás
> A pregar a perdição eterna
> Vendo nogueiras crescerem em paz;
>
> Mas, ai de mim, nasci em tempo atroz,
> Eu perdi aquele afável prado,
> Pois os pelos crescem sobre meu lábio
> E os clérigos são todos barbeados.
>
> Depois ainda havia tempos bons,
> Nos quais as alegrias eram tantas,
> Púnhamos os problemas a dormir
> Dentro dos troncos das plantas.
>
> Cândidos nós ousávamos dispor
> Da ventura que está agora a correr;
> Um canário no ramo da maçã
> Faria meus inimigos tremer.
>
> Só que o colo das garotas, damascos,
> Deitar à sombra, num rio, risonho

Cavalos, patos voando na aurora,
Tudo isso era um sonho.

Mas é proibido sonhar de novo;
Nós mutilamos os nossos regalos:
Os cavalos são feitos de aço cromo
E só os néscios devem cavalgá-los.

Sou a larva que não transforma,
Sem harém, castrado macho;
Entre o pároco e o comissário,
Como Eugene Aram[6], me acho;

E o comissário vê a minha fortuna
Enquanto a rádio divaga,
Mas o pároco prometeu um Uno[7],
Para o Douglas, que sempre paga.

Sonhei que morava em salões de mármore,
E, para a verdade, desperto eu;
Não nasci para dias como esses.
E o Souza? E o Jonas? E você, nasceu?[8]

A Guerra Espanhola e outros eventos de 1936-37 mudaram tudo, e depois deles eu entendi a minha posição. Cada linha de trabalho sério que escrevi desde 1936 foi escrita, direta ou indiretamente, *contra* o totalitarismo e *em prol* do socialismo

---

6 N.T.: Eugene Aram (1704-1759) foi um filólogo e professor inglês. Ficou notório pela condenação à morte pelo homicídio de Daniel Clark, amigo íntimo que supostamente teve um caso com a esposa de Aram.
7 N.T.: No original, o veículo citado é o Austin Seven, carro de pequeno porte inserido no mercado inglês em 1922.
8 N.T.: Tradução do poema de Alysson Ramos Artuso.

democrático, como eu o entendo. Parece-me absurdo, em um período como o nosso, pensar que se pode evitar escrever sobre tais temas. Todos escrevem sobre eles de uma forma ou de outra. É simplesmente uma questão de qual lado se toma e qual a abordagem se segue. E quanto maior for a consciência de seu preconceito político, mais chances se tem de agir politicamente sem sacrificar a integridade estética e intelectual.

O que mais quis fazer ao longo dos últimos dez anos é transformar a escrita política em uma arte. Meu ponto de partida é sempre um sentimento de partidarismo, um sentimento de injustiça. Quando me sento para escrever um livro, não digo para mim mesmo: "Vou produzir uma obra de arte". Escrevo porque há alguma mentira que quero expor, algum fato para o qual quero chamar a atenção, e minha preocupação inicial é conseguir uma audiência. Mas eu não teria o trabalho de escrever um livro, ou até um longo artigo de revista, se eles também não fossem uma experiência estética. Qualquer um que se preocupar em analisar meu trabalho verá que, mesmo quando se trata de propaganda direta, ele contém muitas coisas que um político de profissão consideraria irrelevante. Eu não posso e nem quero abandonar completamente a visão de mundo que adquiri durante a infância. Enquanto eu continuar vivo e bem, continuarei a me importar com o estilo de prosa, a amar a superfície da terra e a ter prazer com objetos físicos e pedaços de informações inúteis. Não adianta tentar reprimir esse lado de mim. O trabalho é conciliar meus gostos e desgostos já arraigados com as atividades essencialmente públicas e não individuais que esta era impõe a todos nós.

Não é fácil. Isso levanta problemas de construção e de linguagem, além de apresentar de uma nova forma o problema da veracidade. Deixe-me dar apenas um exemplo do tipo de dificuldade mais crua que surge. É óbvio que meu livro sobre a Guerra Civil Espanhola, *Homenagem à Catalunha*, é um livro francamente político, mas na essência é escrito com um certo distanciamento e respeito pela forma. Eu me esforcei muito para que ele dissesse toda a verdade sem violar meus instintos literários. Mas, entre outras coisas, ele contém um longo capítulo, cheio de citações de jornais e afins, defendendo os trotskistas que foram acusados de conspirar com Franco. É evidente que tal capítulo, que após um ou dois anos perderia o interesse para qualquer leitor comum, vai arruinar o livro. Um crítico que eu respeito me deu um sermão sobre o livro. "Por que você colocou todas essas coisas?", perguntou. "Você transformou o que poderia ter sido um bom livro em jornalismo." O que ele disse era verdade, mas eu não poderia ter feito de outra forma. Acontece que eu sabia o que poucas pessoas na Inglaterra tinham permissão para saber: homens inocentes estavam sendo falsamente acusados. Se eu não estivesse zangado com isso, não deveria nem ter escrito o livro.

De uma forma ou de outra, esse é um problema recorrente. O problema da linguagem é mais sutil e levaria muito tempo para ser discutido. Direi apenas que, nos últimos anos, tentei escrever com menos frequência e mais exatidão. Em todo caso, acho que quando se aperfeiçoa qualquer estilo de escrita, ela é superada. *A Revolução dos Bichos* foi o primeiro livro em que tentei, com plena consciência do que estava fazendo, fundir propósito político e propósito artístico em uma unidade. Há sete anos não escrevo um romance, mas espero escrever outro em breve. Está fadado a ser um fracasso, todo livro é um fracasso, mas sei com alguma clareza que tipo de livro eu quero escrever.

Olhando para as duas últimas páginas, vejo que fiz com que parecesse que meus motivos para escrever eram totalmente de inspiração pública. Não quero que essa seja a impressão final. Todos os escritores são vaidosos, egoístas e preguiçosos, e no fundo de suas motivações há um mistério. Escrever um livro é uma luta horrível e exaustiva, como um longo período de doença dolorosa. Ninguém empreenderia tal coisa se não fosse impelido por algum demônio a quem não se pode resistir nem compreender. Pois todos sabem que o demônio é simplesmente o mesmo instinto que faz com que um bebê chore por atenção. E no entanto, também é verdade que não se pode escrever nada legível, a menos que se lute constantemente para apagar a própria personalidade. Uma boa prosa é como um vidro de janela. Não posso dizer com certeza quais dos meus motivos são os mais fortes, mas sei quais deles merecem ser seguidos. E olhando para trás através de meu trabalho, vejo que é invariavelmente onde me faltava um propósito *político* que escrevi livros sem vida e onde fui traído em passagens rebuscadas, sentenças sem sentido, adjetivos decorativos e fraudes em geral.

Bons livros ruins

(publicado originalmente na *Tribune* em 1945)

Não faz muito tempo, uma editora pediu que eu escrevesse a introdução de uma nova edição de um romance de Leonard Merrick. Essa editora, ao que parece, vai reeditar uma longa série de romances menores e parcialmente esquecidos do século XX. É um serviço valioso nestes dias sem livros, e eu invejo bastante a pessoa cujo trabalho será perambular em torno das caixas de livros baratos, caçando cópias de seus volumes favoritos da infância.

Um tipo de livro que aparentemente não se produz mais nestes dias, mas que floresceu com grande riqueza no final do século XIX e no início do século XX, é o que Chesterton chamou de "bom livro ruim", ou seja, o tipo de livro que não tem pretensões literárias, mas que permanece legível enquanto produções mais sérias perecem. Obviamente, os livros que se destacam nessa linha são as histórias de *Raffles*[9] ou de *Sherlock Holmes*, que mantiveram seu lugar enquanto vários "romances de denúncia", "documentos humanos" e "acusações terríveis" disso ou daquilo, caíram no merecido esquecimento. (Quem envelheceu melhor, Conan Doyle ou Meredith?) Eu coloco quase no mesmo nível desses os primeiros contos de R. Austin Freeman – "*The Singing Bone*" [O osso que canta], "*The Eye of Osiris*" [O olho de Osíris] e outros –, "*Max Carrados*", de Ernest Bramah, e, baixando um pouco o padrão, o *thriller* tibetano "*Dr. Bikola*", de Guy Boothby, uma espécie de versão escolar do "*Travels in Tatary*" [Viagens à

---

[9] N.T.: Personagem de novelas policiais, criado pelo autor britânico E. W. Hornung por volta de 1890.

Tartária] de Hue, que provavelmente fariam com que uma visita real à Ásia Central parecesse um anticlímax sombrio.

Mas além dos *thrillers*, havia os pequenos escritores humorísticos da época. Por exemplo, o Pett Ridge – mas admito que seus livros extensos já não parecem mais tão legíveis –, o E. Nesbit (*"The Treasure Seekers"* – Os caçadores de Tesouros), o George Birmingham, que só é bom quando não se leva a política em consideração, o Binstead pornográfico (que assinou o livro "*A Pink Un and a Pelican*" – Um rosado e um pelicano – como "Pitcher"), e, se os livros americanos podem ser incluídos, as histórias de *Penrod* por Booth Tarkington. Em um nível superior a esses estava Barry Pain. Alguns dos escritos humorísticos de Pain ainda estão, suponho, impressos, mas recomendo, para quem conseguir encontrar, um livro que agora deve ser muito raro – "*The Octave of Claudius*" [A Oitava de Cláudio], um exercício brilhante e macabro. Um pouco mais tarde, houve Peter Blundell, que escreveu na verve de W.W. Jacobs sobre as cidades portuárias do Extremo Oriente, e que parece ter sido esquecido de forma quase irresponsável, apesar de ter sido elogiado na imprensa por H. G. Wells.

Entretanto, todos os livros de que tenho falado são, para ser sincero, literatura de "fuga". Eles formam remendos agradáveis na memória das pessoas, cantos tranquilos onde a mente pode navegar em momentos estranhos, mas dificilmente têm algo a ver com a vida real. Há outro tipo de bom livro ruim, um com pretensões mais sérias, e que nos diz, penso eu, algo sobre a natureza do romance e as razões de sua decadência atual. Durante os últimos cinquenta anos houve toda uma série de escritores – alguns ainda estão escrevendo – que não podem ser considerados "bons" por qualquer padrão estritamente literário, mas que são romancistas natos e parecem atingir a sinceridade em parte porque não são inibidos pelo bom gosto. Nessa classe coloquei o próprio Leonard Merrick, W. L. George, J. D. Beresford, Ernest Raymond, May Sinclair, e – num nível inferior aos outros, mas ainda essencialmente semelhante – A. S. M. Hutchinson.

A maioria deles tem sido prolíficos escritores e suas produções têm variações óbvias de qualidade. Estou pensando em um ou dois livros excelentes de cada um deles: por exemplo, "Cynthia" de Merrick, *"A Candidate For Truth"* [Um candidato à verdade] de J. D. Beresford, *Caliban* de W. L. George, *"The Combined Maze"* [O labirinto somado] de May Sinclair e *"We, The Accused"* [Nós, os acusados] de Ernest Raymond. Em cada um desses livros, o autor foi capaz de se identificar com seus personagens fictícios, de sentir com eles e de incitar simpatia com uma espécie de desapego que pessoas mais inteligentes teriam dificuldade de alcançar. Eles trazem à tona o fato de que o refinamento intelectual pode ser uma desvantagem para um contador de histórias, como seria para um comediante de um *music-hall*.

Vejamos, por exemplo, *"We, The Accused"* de Ernest Raymond – uma história de assassinato peculiarmente sórdida e convincente, provavelmente baseada no caso Crippen, em que o médico homeopata mata sua esposa. Na minha opinião, o livro ganha muito com o fato de que o autor captura em parte a vulgaridade patética das pessoas sobre as quais ele está escrevendo e, portanto, não as menospreza. Talvez até ganhe – assim como *"An American Tragedy"* [Uma tragédia americana] de Theodore Dreiser – algo com a maneira desajeitada e demorada com que é escrito. São pilhas e pilhas de detalhes, sem qualquer tentativa de seleção, e no processo se constrói lentamente um efeito de crueldade terrível e absoluto. Assim também com *"A Candidate For Truth"*. Nele não há a mesma falta de jeito, mas há a mesma capacidade de levar a sério os problemas das pessoas comuns. O mesmo acontece em *"Cynthia"* e na primeira parte de *"Caliban"*. A maior parte do que W. L. George escreveu foi um lixo, mas, neste livro em particular, baseado na carreira de Northcliffe, ele conseguiu algumas imagens memoráveis e verdadeiras da vida da classe média baixa de Londres. Partes desse livro são, provavelmente, autobiográficas, e uma das vantagens dos bons maus escritores é sua falta de vergonha em escrever uma autobiografia. O exibicionismo e a autocomiseração são a desgraça do romancista e, no entanto, se ele tiver muito medo deles, seu dom criativo pode sofrer.

A existência de uma boa literatura ruim – o fato de que alguém pode se divertir, se empolgar ou até mesmo se emocionar com um livro que o intelecto simplesmente se recusa a levar a sério – é um lembrete de que a arte não é a mesma coisa que a razão. Imagino que, em qualquer teste que pudesse ser elaborado, Carlyle seria considerado um homem mais inteligente do que Trollope. No entanto, Trollope permaneceu sendo lido e Carlyle não: com toda sua esperteza, ele não teve nem mesmo a inteligência de escrever em inglês simples. Para romancistas, quase tanto quanto para poetas, a conexão entre inteligência e poder criativo é difícil de estabelecer. Um bom romancista pode ser um prodígio de autodisciplina como Flaubert, ou ele pode ser uma expansão intelectual como Dickens. O talento suficiente para criar dezenas de escritores comuns foi esbanjado nos textos, considerados romances, de Wyndham Lewis, tais como "*Tarr*" ou "*Snooty Baronet*" (Baronete Esnobe). No entanto, seria um trabalho muito pesado ler qualquer um desses livros. Uma qualidade indefinível, uma espécie de vitamina literária, que existe até mesmo em um livro como "*If Winter Comes*" (Se o inverno vier), de Hutchinson, está ausente neles.

Talvez o exemplo supremo do livro "ruim bom" seja a "*A cabana do pai Tomás*" de Harriet Beecher Stowe. É um livro involuntariamente ridículo, cheio de incidentes melodramáticos absurdos. É também profundamente comovente e essencialmente verdadeiro. É difícil dizer qual característica supera a outra. Mas "*A cabana do pai Tomás*" está, no fim das contas, tentando ser sério e lidando com o mundo real. Que tal os escritores explicitamente escapistas, os que transmitem emoções e humor "leve"? Que tal "*Sherlock Holmes*", "*Vice Versa*", "*Drácula*", "*Helen's Babies*" [Os bebês de Helen] ou "*As minas do rei Salomão*"? Todos esses são definitivamente livros absurdos, livros sobre (e não com) os quais se ri, e que dificilmente foram levados a sério até mesmo por seus autores. No entanto, eles sobreviveram e provavelmente continuarão sobrevivendo. Tudo o que se pode dizer é que, enquanto a civilização permanece tal que se precisa de distração de tempos em tempos, a literatura "leve" tem seu lugar designado; também existe algo de habilidade pura, ou graça nata, que pode ter mais valor de sobrevivência do que erudição ou poder intelectual. Há canções de musicais que são poemas melhores do que três quartos das coisas que entram nas antologias:

> Vem pra birita barata,
> Vem pro do copo mais fundo,
> Vem pro garçom que é figura,
> Vem pro melhor bar do mundo!

Ou ainda:
> Dois olhos bem escuros,
> Mas, puxa, nossa, que coisa!
> Só por falar algo errado...
> Dois olhos bem escuros![10]

Eu teria preferido escrever qualquer um deles do que, digamos, "*The Blessed Damozel*" [A Donzela Abençoada] ou "*Love in the Valley*" [Amor no vale]. E, pela mesma razão, eu defenderia que *"A cabana do pai Tomás"* vivesse mais do que as obras completas de Virginia Woolf ou George Moore, embora eu não conheça nenhum teste estritamente literário que mostre onde está a superioridade.

---

10 N.T.: Tradução dos poemas de Alysson Ramos Artuso.

Confissões de um crítico literário

(publicado originalmente na *Tribune* em 1946)

Em um apartamento de um único cômodo, frio mas abafado, repleto de pontas de cigarro e xícaras de chá meio vazias, um homem com um roupão carcomido por traças senta-se em uma mesa raquítica, tentando encontrar espaço para sua máquina de escrever entre as pilhas de papéis empoeirados que o rodeiam. Ele não pode jogar os papéis fora porque o lixo já está transbordando e, além disso, em algum lugar entre as cartas não respondidas e as contas não pagas, é possível que haja um cheque de dois guinéus[11] que ele tem quase certeza de ter esquecido de trocar no banco. Há também cartas com endereços que devem ser inseridos em sua agenda. Ele perdeu sua agenda de endereços, e a ideia de procurá-la, ou de procurar qualquer coisa que seja, o aflige com impulsos suicidas agudos.

Ele é um homem de 35 anos, mas parece ter 50. Ele é careca, tem veias varicosas e usa óculos, ou os usaria se seu único par não estivesse cronicamente perdido. Quando as coisas estão normais, ele sofre de desnutrição, mas como teve recentemente uma maré de sorte, está sofrendo de ressaca. Neste momento são onze horas e meia da manhã e, de acordo com seu horário, ele deveria ter começado a trabalhar há duas horas; mas mesmo que ele tivesse feito algum esforço sério para começar, teria ficado frustrado com o barulho contínuo de telefone tocando, de bebês gritando, de uma furadeira elétrica zunindo na rua e das

---

[11] N.T.: O guinéu foi uma moeda criada no contexto do tráfico de escravos e foi extinta em 1813. Foi a primeira moeda de ouro feita a máquina na Grã-Bretanha. Seu valor inicial era de uma libra, mas o aumento do valor do ouro fez com que valesse cada vez mais ao longo do tempo.

pesadas botas de seus credores indo para cima e para baixo nas escadas. A interrupção mais recente foi a chegada do segundo correio do dia, o que lhe trouxe duas circulares e uma cobrança de imposto de renda impresso com um aviso em vermelho.

É desnecessário dizer que ele é um escritor. Poderia ser um poeta, um romancista ou um escritor de roteiros de cinema ou de rádio, pois todas as pessoas literárias são muito parecidas, mas digamos que ele é um crítico literário. Meio escondido entre a pilha de papéis está um pacote grande contendo cinco volumes que seu editor enviou com uma nota sugerindo que eles "devem combinar". Eles chegaram há quatro dias, mas durante 48 horas o crítico foi impedido de abrir o pacote pela paralisia moral. Ontem, em um momento resoluto, ele arrancou a fita e encontrou os cinco volumes: "*Palestine at the Cross Roads*" [Palestina na encruzilhada], "*Scientific Dairy Farming*" [Agropecuária científica], "*A Short History Of European Democracy*" (Uma breve história da democracia europeia, esse com 680 páginas e peso de quase dois quilos), "*Tribal Customs In Portuguese East Africa*" [Costumes tribais na África Portuguesa Oriental] e a novela "*It's Nicer Lying Down*" [É melhor deitado], incluída provavelmente por engano. Sua crítica – de 800 palavras, digamos – deve estar na redação até o meio-dia de amanhã.

Três desses livros tratam de assuntos nos quais ele é tão ignorante que terá que ler pelo menos 50 páginas se quiser evitar qualquer comentário que trairá não apenas o autor (que, é claro, sabe tudo sobre os hábitos dos críticos literários), mas até mesmo o leitor geral. Lá pelas quatro da tarde, ele terá tirado os livros do papel de embrulho, mas ainda estará sofrendo de uma incapacidade nervosa de abri-los. A perspectiva de ter que lê-los, e até mesmo o cheiro do papel, o afetam tanto quanto a perspectiva de comer pudim frio de arroz moído aromatizado com óleo de rícino. E, no entanto, curiosamente, seu texto chegará na redação a tempo. De alguma forma, sempre dá tempo. Por volta das nove da noite, sua mente estará relativamente limpa, e ele vai ficar sentado em uma sala cada vez mais fria durante a madrugada, a fumaça do cigarro cada vez mais espessa, saltando habilmente por um livro após o outro e soltando cada um com o comentário final, "Deus, mas que desgraça!". Pela manhã, cansado, ranzinza e com a barba por fazer, ele vai olhar por uma ou duas horas para uma folha de papel em branco até que o ameaçador dedo do relógio o assuste e o leve para a ação. Então, de repente, vai pegar no tranco. Todas as frases antigas, "um livro que ninguém deve perder", "algo memorável em cada página", "os capítulos que tratam sobre o tema são muito especiais" etc., etc., saltarão para seus lugares como limalhas de ferro obedecendo ao ímã, e a crítica terminará com o tamanho exato e com apenas uns três minutos antes de o prazo terminar. Enquanto isso, outro maço de livros mal escolhidos e pouco apetitosos terá chegado pelo correio. E assim continua. E, no entanto, como eram grandes as esperanças dessa criatura desanimada e nervosa quando começou sua carreira, há apenas alguns anos.

Estou exagerando? Pergunto a qualquer crítico regular – ou seja, qualquer um que resenha um mínimo de 100 livros por ano – se ele pode honestamente negar que seus hábitos e caráter são como descrevi. Todo escritor, de qualquer tipo, acaba sendo esse tipo de pessoa, mas a crítica duradoura e indiscriminada de livros é um trabalho excepcionalmente ingrato, irritante e exaustivo. Não se trata apenas de elogiar o lixo – embora envolva isso, como mostrarei em outro momento – mas de *inventar* constantemente reações em relação a livros pelos quais não tiveram nenhum sentimento espontâneo. O crítico, por mais cansado que esteja, está profissionalmente interessado em livros e, dos milhares que são publicados anualmente, há provavelmente cinquenta ou cem sobre os quais ele gostaria de escrever. Se ele for um excelente escritor em sua profissão, ele talvez consiga escrever sobre dez ou vinte deles. O mais provável é conseguir dois ou três. O resto de seu trabalho, por mais consciencioso que seja em elogios ou reclamações, é, em essência, uma fraude. Ele está despejando seu espírito imortal pelo ralo, meio litro por vez.

A grande maioria das críticas faz um comentário inadequado ou enganoso do livro de que trata. Desde a guerra os editores têm sido menos capazes do que antes de torcer os rabos dos críticos literários e evocar um hino de louvor para cada livro produzido, mas por outro lado a qualidade da crítica caiu devido à falta de espaço e a outros inconvenientes. Vendo os resultados, as pessoas às vezes sugerem que a solução está em tirar a crítica literária da mão de jornalistas não especializados. Livros sobre assuntos específicos devem ser tratados por especialistas mas, por outro lado, uma boa dose da crítica, especialmente de romances, pode muito bem ser feita por amadores. Quase todo livro é capaz de despertar um sentimento de paixão, mesmo se for apenas um desgosto apaixonado, em um ou outro leitor, cujas opiniões certamente valeriam mais do que as de um profissional entediado. Mas, infelizmente, como todo editor sabe, esse tipo de coisa é muito difícil de organizar. Na prática, o editor sempre se vê voltando para sua equipe de jornalistas não especializados – os "de sempre", como os chama.

Nada disso é remediável quando se toma por certo que todo livro merece ser criticado. É quase impossível mencionar livros aos montes sem exagerar grosseiramente as qualidades da grande maioria deles. Até que se tenha algum tipo de relação profissional com os livros, não se descobre o quão ruim a maioria deles é. Em muito mais do que nove entre dez casos, a única crítica objetivamente verdadeira seria "Este livro não vale nada", enquanto a verdade sobre a reação do próprio crítico provavelmente seria "Este livro não me interessa de forma alguma, e eu não escreveria sobre ele a menos que fosse pago para isso". Mas o público não paga para ler esse tipo de coisa. E por que deveria? Eles querem algum tipo de guia para os livros que deveriam ler e querem algum tipo de avaliação. Mas assim que se fala em "valor", as normas entram em colapso. Pois se alguém diz – e quase todos os críticos dizem este tipo de coisa pelo menos uma vez por semana – que *Rei Lear* é uma boa peça e *Os quatro homens justos* é um bom *thriller*, qual é o significado da palavra "bom"?

A melhor prática, sempre me pareceu, seria simplesmente ignorar a grande maioria dos livros e fazer críticas muito longas – mil palavras no mínimo – dos poucos que parecem importar. Notas curtas de uma ou duas linhas sobre os próximos lançamentos podem ser úteis, mas a crítica média de cerca de 600 palavras não tem valor, mesmo que o crítico queira realmente escrevê-la. Normalmente ele não quer escrevê-la, e a produção de textos semana sim, semana não, logo o reduz à figura esmagada de roupão que eu descrevi no início deste artigo. No entanto, sempre tem alguém em situação pior e devo dizer, pela experiência de ambos os ofícios, que o crítico de literatura está bem melhor do que o crítico de cinema, que não pode nem mesmo fazer seu trabalho de casa, mas tem que assistir exibições para imprensa às onze da manhã, e de quem se espera, com uma ou duas notáveis exceções, que venda sua honra por um copo de xerez de baixa qualidade.

Em defesa da literatura

(publicado originalmente na revista *Polemic* em 1946)

Há cerca de um ano participei de uma reunião do PEN Clube, por ocasião do tricentenário da *Areopagítica* de Milton – um panfleto, vale lembrar, em defesa da liberdade de imprensa. A famosa frase de Milton sobre o pecado de "matar" um livro foi impressa no material de divulgação da reunião que havia circulado antes do evento.

Havia quatro oradores no palco. Um deles fez um discurso sobre a liberdade de imprensa, mas somente em relação à Índia; outro disse, hesitante, e em termos muito gerais, que a liberdade era uma coisa boa; um terceiro atacou as leis relativas à obscenidade na literatura; o quarto dedicou a maior parte de seu discurso a uma defesa do Grande Expurgo Russo. Nas conversas no salão, alguns voltaram à questão da obscenidade e suas leis, outros simplesmente elogiaram a Rússia soviética. A liberdade moral – a liberdade de discutir questões sexuais abertamente na imprensa – parecia ser aprovada pela maioria, mas a liberdade política não foi mencionada. Nesse saguão com várias centenas de pessoas, metade das quais estavam diretamente ligadas ao mercado da escrita, não havia uma única que pudesse salientar que a liberdade de imprensa significa, se é que significa alguma coisa, a liberdade de criticar e de se opor. É relevante dizer que nenhum orador citou o panfleto que estava sendo comemorado. Também não houve nenhuma menção aos vários livros que foram "mortos" na Inglaterra e nos Estados Unidos durante a guerra. Em seu resultado final, a reunião foi uma manifestação a favor da censura[12].

---

12 Nota do autor: É justo dizer que as celebrações do PEN Clube, que duraram uma semana ou mais, nem sempre *[continua na próxima página]*

Não há nada de muito surpreendente nisso. Em nossa época, a ideia de liberdade intelectual está sob ataque de duas direções. De um lado estão seus inimigos teóricos, os apologistas do totalitarismo, e do outro, seus inimigos imediatos e práticos, o monopólio e a burocracia. Qualquer escritor ou jornalista que queira manter sua integridade se vê frustrado pela deriva geral da sociedade, não por uma perseguição ativa. O tipo de coisa que obstrui o trabalho é a concentração da imprensa nas mãos de alguns poucos homens ricos; o domínio do monopólio nas rádios e nos cinemas; a relutância do público em gastar dinheiro em livros, tornando necessário que quase todo escritor ganhe parte de sua vida com outros trabalhos; o enfraquecimento de órgãos oficiais como o *M.O.I.* (Ministério da Informação) e o *British Council*, que ajudam o escritor a se manter vivo, mas também desperdiçam seu tempo e ditam suas opiniões; e a atmosfera contínua de guerra dos últimos dez anos, com seus efeitos distorcedores inescapáveis. Tudo em nossa era conspira para transformar o escritor, e todo outro tipo de artista, em um funcionário menor, trabalhando com temas enviados de cima e nunca dizendo o que acredita ser a verdade toda. Mas ao lutar contra esse destino ele não recebe ajuda de seu próprio lado; isto é, não há um grande corpo de opinião que lhe garanta que ele tem direito. No passado, ou ao menos durante os séculos protestantes, a ideia de rebelião e de integridade intelectual eram misturadas. Um herege – político, moral, religioso ou estético – era aquele que se recusava a ultrajar sua própria consciência. Sua visão foi resumida nas palavras do hino revivalista:

---

permanecem no mesmo nível. Acontece que fui num dia ruim. Mas um exame dos discursos (impressos sob o título *Liberdade de Expressão*) mostra que quase ninguém é capaz de falar hoje em dia tão claramente a favor da liberdade intelectual como Milton conseguia fazer há 300 anos – e isso apesar do fato de Milton estar escrevendo em um período de guerra civil.

Dare to be a Daniel
Dare to stand alone
Dare to have a purpose firm
Dare to make it known

[Ouse ser um Daniel,
Ouse ficar sozinho;
Ouse ter um propósito firme,
Ouse torná-lo conhecido.]

Para atualizar esse hino, seria necessário acrescentar um "não" no início de cada linha. Pois é uma peculiaridade de nossa época que os rebeldes contra a ordem existente, ou ao menos os mais típicos e numerosos deles, também estão se rebelando contra a ideia de integridade individual. "Ouse ficar sozinho" é ideologicamente criminoso, bem como perigoso na prática. A independência do escritor e do artista é devorada por forças econômicas vagas e, ao mesmo tempo, é minada por aqueles que deveriam ser seus defensores. É com o segundo processo que estou preocupado.

 A liberdade de pensamento e de imprensa é geralmente atacada por argumentos que não vale a pena nem mencionar. Eles são conhecidos de trás para frente por qualquer um que tenha experiência em palestras e debates. Não estou tentando lidar com a alegação familiar de que a liberdade é uma ilusão, ou com a alegação de que há mais liberdade em países totalitários do que em países democráticos, mas com a proposta muito mais sustentável e perigosa de que a liberdade é indesejável e que a honestidade intelectual é uma forma de egoísmo antissocial. Embora outros aspectos da questão estejam geralmente em primeiro plano, a controvérsia sobre a liberdade de expressão e de imprensa é, no fundo, uma controvérsia sobre a conveniência, ou não, de contar mentiras. O que realmente está em questão é o direito de relatar os eventos contemporâneos com veracidade, ou tão verazmente quanto é consistente com a ignorância, o preconceito e o autoengano dos quais sofre necessariamente todo observador. Ao dizer isso, posso parecer estar dizendo que a "reportagem" direta é o único ramo da literatura que importa: mas tentarei mostrar mais tarde que, em todos os níveis literários, e provavelmente em cada uma das artes, a mesma questão surge em formas mais ou menos subutilizadas. Enquanto isso, é necessário tirar os aspectos irrelevantes nas quais essa controvérsia geralmente está envolvida.

Os inimigos da liberdade intelectual sempre tentam apresentar seu caso como um apelo à disciplina contra o individualismo. A questão da verdade *versus* mentira é mantida, tanto quanto possível, em segundo plano. Embora o ponto de ênfase possa variar, o escritor que se recusa a vender suas opiniões é sempre marcado como um mero egoísta. Ele é acusado ou de querer se fechar em uma torre de marfim, ou de fazer uma manifestação exibicionista de sua própria personalidade, ou de resistir à corrente inevitável da história numa tentativa de se agarrar a privilégios injustificados. O católico e o comunista são iguais em assumir que um oponente não pode ser ao mesmo tempo honesto e inteligente. Cada um deles afirma tacitamente que "a verdade" já foi revelada, e que o herege, se não for simplesmente um tolo, está secretamente consciente da "verdade" e meramente resiste a ela por motivos egoístas. Na literatura comunista, o ataque à liberdade intelectual é geralmente mascarado pela oratória com expressões como "individualismo pequeno-burguês", "as ilusões do liberalismo do século XIX" etc., e apoiado por palavras de abuso como "romântico" e "sentimental", que, como não têm nenhum significado compartilhado, são difíceis de responder. Dessa forma, a controvérsia é levada para longe de sua verdadeira questão. Pode-se aceitar, e a maioria das pessoas esclarecidas aceitaria, a tese comunista de que a pura liberdade só existirá em uma sociedade sem classes, e que se é quase mais livre quando se está trabalhando para criar tal sociedade. Mas dentro disso está inserida a afirmação infundada de que o próprio Partido Comunista está visando ao estabelecimento de uma sociedade sem classes, e que na U.R.S.S. esse objetivo está realmente a caminho de ser realizado. Se a primeira reivindicação implica a segunda, não há quase nenhum outro ataque ao bom senso e à decência comum que não possa ser justificado. Mas, enquanto isso, o verdadeiro ponto é ignorado. Liberdade do intelecto significa a liberdade de relatar o que se viu, ouviu e sentiu, e não ser obrigado a fabricar fatos e sentimentos imaginários. Os sermões familiares contra o "escapismo" e o "individualismo", o "romantismo", etc., são meramente um dispositivo forense, cujo objetivo é fazer com que a perversão da história pareça respeitável.

Quinze anos atrás, quando se defendia a liberdade do intelecto, era preciso defendê-la contra os conservadores, contra os católicos e, até certo ponto – pois eles não eram de grande relevância para os ingleses –, contra os fascistas. Hoje é preciso defendê-la contra os comunistas e os "companheiros de armas". Não se deve exagerar a influência direta do pequeno Partido Comunista Inglês, mas não pode haver dúvidas sobre o efeito venenoso do *mythos* russo na vida intelectual inglesa. Por causa disso, os fatos conhecidos são suprimidos e distorcidos a tal ponto que é possível questionar se uma verdadeira história de nossos tempos poderá ser escrita. Deixe-me dar apenas um exemplo entre as centenas que poderiam ser citados. Quando a Alemanha desmoronou, descobriu-se que um grande número de russos soviéticos – a maioria, sem dúvida, por motivos não políticos – mudou de lado e estava lutando pelos alemães. Além disso, uma pequena, mas não desprezível, parcela dos prisioneiros e refugiados russos recusou-se a voltar para a U.R.S.S., e alguns deles foram repatriados contra sua vontade. Esses fatos, conhecidos por muitos jornalistas locais, quase não foram mencionados na imprensa britânica, enquanto ao mesmo tempo os publicitários russófilos na Inglaterra continuaram a justificar os expurgos e as deportações de 1936-38, alegando que a U.R.S.S. "não tinha nenhum traidor". A névoa de mentiras e desinformação que envolve assuntos como a grande fome na Ucrânia, a Guerra Civil Espanhola, a política russa na Polônia etc., não se deve inteiramente a uma desonestidade consciente, mas a qualquer escritor ou jornalista que seja muito simpatizante da U.R.S.S. – ou melhor, simpatizante do jeito que os próprios russos gostariam que ele fosse – e tem de se conformar com falsificações deliberadas sobre questões importantes. Tenho diante de mim o que deve ser um panfleto muito raro, escrito por Maxim Litvinoff em 1918 e que resume os recentes acontecimentos da Revolução Russa. Ele não faz menção a Stalin, mas elogia Trotsky, e também Zinoviev, Kamenev e outros. Qual poderia ser a atitude de um comunista, por mais intelectualmente escrupuloso que seja, em relação a tal panfleto? Na melhor das hipóteses, a atitude obscurantista de dizer que se trata de um documento indesejável e que é melhor que seja suprimido. E se, por alguma razão, fosse decidido emitir uma versão falsa do panfleto, denegrindo Trotsky e inserindo referências a Stalin, nenhum comunista que permanecesse fiel a seu partido poderia protestar. Falsificações quase tão grosseiras como essa têm sido cometidas nos últimos anos. Mas o mais significativo não é que elas aconteçam, mas que, mesmo quando são conhecidas, não provocam nenhuma reação por parte da *intelligentsia* de esquerda como um todo. O argumento de que dizer a verdade seria "inoportuno" ou que isso seria "jogar o jogo" dos outros é tido como imbatível, e poucas pessoas se incomodam com a perspectiva de que as mentiras que toleram hoje nos jornais vão entrar eventualmente nos livros de história.

    A mentira organizada praticada pelos Estados totalitários não é, como às vezes se alega, um expediente temporário da mesma natureza do engano militar. É uma parte integrante do totalitarismo, algo que continuaria mesmo depois dos campos de concentração e das forças policiais secretas terem deixado de ser necessários. Há uma lenda urbana entre os comunistas inteligentes que diz que, embora o governo russo agora seja obrigado a lidar com propaganda mentirosa, julgamentos equivocados etc., ele estaria registrando secretamente os fatos verdadeiros e os publicará em algum momento futuro. Podemos, creio, ter certeza de que não é esse o caso, porque a mentalidade implícita em tal ação é a de um historiador liberal que acredita que o passado não pode ser alterado e que um conhecimento correto da história é valioso como um assunto natural. Do ponto de vista totalitário, a história é algo a ser criado, e não aprendido. Um Estado totalitário é, de fato, uma teocracia, e sua casta governante, para manter sua posição, tem de ser pensada como infalível. Mas como na prática ninguém é infalível, torna-se frequentemente necessário rearranjar eventos passados para mostrar que este ou aquele erro não foi cometido ou que este ou aquele triunfo imaginário realmente aconteceu. É claro, cada grande mudança na política exige uma mudança correspondente de doutrina e uma revelação de figuras históricas proeminentes. Esse tipo de coisa acontece em todos os lugares, mas é explicitamente mais provável que sociedades onde apenas uma opinião é admissível em um dado momento sejam mais propícias a uma falsificação pura e simples dos fatos. O totalitarismo exige, de fato, a contínua alteração do passado e, a longo prazo, provavelmente exige uma descrença na própria existência de uma verdade objetiva. Os amigos do totalitarismo neste país geralmente tendem a argumentar que, como a verdade absoluta não é alcançável, uma grande mentira não é pior do que uma pequena mentira. É ressaltado que todos os registros históricos são tendenciosos e inexatos, ou, por outro lado, que a física moderna provou que o que nos parece o mundo real é uma ilusão, de modo que acreditar na evidência dos sentidos é simplesmente uma ignorância vulgar. Uma sociedade totalitária que conseguisse perpetuar-se provavelmente criaria um sistema esquizofrênico de pensamento, no qual as leis do senso comum se mantivessem boas na vida cotidiana e em certas ciências exatas, mas poderiam ser desconsideradas pelo político, o historiador e o sociólogo. Já existem inúmeras pessoas que achariam escandaloso falsificar um livro-texto científico, mas não veriam nada de errado em falsificar um fato histórico. É no ponto em que a literatura e a política se cruzam que o totalitarismo exerce sua maior pressão sobre o intelecto. As ciências exatas não estão, nesta data, em nada ameaçadas na mesma medida. Isso explica em parte o fato de que em todos os países é mais fácil para os cientistas do que para os escritores se alinharem aos seus respectivos governos.

Para manter o assunto em perspectiva, permitam-me retomar o que disse no início deste ensaio: que na Inglaterra os inimigos imediatos da verdade, e portanto da liberdade de pensamento, são os senhores da imprensa, os magnatas do cinema e os burocratas, mas que, numa visão de longo prazo, o enfraquecimento do desejo de liberdade entre os próprios intelectuais é o sintoma mais grave de todos. Pode parecer que todo esse tempo eu tenha falado sobre os efeitos da censura, não sobre a literatura como um todo, mas apenas sobre o departamento de jornalismo político. Considerando que a Rússia Soviética constitui uma espécie de área proibida na imprensa britânica, dado que temas como a Polônia, a Guerra Civil Espanhola, o Pacto Molotov-Ribbentrop etc., são proibidos de se discutir seriamente, e que se você possui informações que entram em conflito com a ortodoxia prevalecente, você deve distorcê-las ou ficar calado, por que a literatura, no sentido mais amplo, deve ser afetada? Todo escritor é um político, e todo livro é necessariamente uma obra de "reportagem" direta? Mesmo sob a ditadura mais apertada, não pode o escritor individual permanecer livre dentro de sua própria mente e destilar ou disfarçar suas ideias pouco ortodoxas de tal forma que as autoridades sejam estúpidas demais para reconhecê-las? E em todo caso, se o próprio escritor está de acordo com a ortodoxia predominante, por que isso deveria ter um efeito limitador sobre ele? A literatura, ou qualquer uma das artes, não é mais apreciada nas sociedades em que não há grandes conflitos de opinião e nenhuma distinção nítida entre o artista e seu público? É preciso assumir que todo escritor é um rebelde, ou mesmo que um escritor como tal é uma pessoa excepcional?

Sempre que se tenta defender a liberdade intelectual contra as reivindicações do totalitarismo, encontra-se com esses argumentos de uma forma ou de outra. Eles se baseiam num completo mal-entendido do que é literatura, e como – ou talvez por que – ela vem a existir. Se assume que um escritor deve apenas entreter ou ser um vendido que pode mudar de um conteúdo de propaganda para outro tão facilmente quanto um tocador de realejo troca músicas. Mas, afinal de contas, como é que os livros chegam a ser escritos? Com exceção dos textos de baixo nível, a literatura é uma tentativa de influenciar o ponto de vista de seus contemporâneos por meio de um exercício de memória. E, no que diz respeito à liberdade de expressão, não há muita diferença entre um mero jornalista e o escritor mais "apolítico" imaginativo. O jornalista não é livre, e está consciente da falta de liberdade, quando é forçado a escrever mentiras ou suprimir o que lhe parece ser uma notícia importante; o escritor imaginativo não é livre quando tem de falsificar seus sentimentos subjetivos ou os fatos a partir do seu ponto de vista. Ele pode distorcer e caricaturar a realidade para tornar seu significado mais claro, mas não pode deturpar o cenário de sua própria mente; ele não pode dizer com alguma convicção que gosta de algo de que não gosta, ou que acredita no que não acredita. Se ele for obrigado a fazer isso, suas faculdades criativas secarão. Ele tampouco pode resolver o problema mantendo-se afastado de temas controversos. Não existe uma literatura genuinamente apolítica, muito menos em uma época como a nossa, quando medos, ódios e lealdades de tipo diretamente político estão tão próximos da superfície da consciência de todos. Mesmo um único tabu pode ter um efeito paralisante sobre a mente, porque há sempre o perigo de que qualquer pensamento livre possa levar ao pensamento proibido. O resultado é que a atmosfera do totalitarismo é mortal para qualquer tipo de prosador, embora um poeta, ao menos um poeta lírico, consiga possivelmente achar o ambiente respirável. É provável que a literatura em prosa, da maneira como existiu durante os últimos quatrocentos anos, chegue ao fim em qualquer sociedade totalitária que sobreviva por mais de duas gerações.

Às vezes, a literatura floresceu sob regimes déspotas, mas, como tem sido mostrado com frequência, os despotismos do passado não eram totalitários. Seu aparelho repressivo sempre foi ineficiente, suas classes dirigentes eram geralmente corruptas ou apáticas ou semiliberais em perspectiva, e as doutrinas religiosas predominantes geralmente trabalhavam contra o perfeccionismo e a noção de infalibilidade humana. Mesmo assim, é amplamente verdade que a literatura em prosa atingiu seus níveis mais altos em períodos de democracia e especulação livre. O que é novo no totalitarismo é que suas doutrinas não só são inatacáveis como também instáveis. Elas têm que ser aceitas sob pena de condenação, mas, por outro lado, são sempre passíveis de serem alteradas de uma hora para outra. Considere, por exemplo, as várias atitudes, completamente incompatíveis entre si, que um comunista inglês ou "companheiro de armas" teve que adotar em relação à guerra entre a Grã-Bretanha e a Alemanha. Durante anos antes de setembro de 1939, esperava-se que se estivesse em um desconforto contínuo quanto aos "horrores do nazismo" e que tudo o que escrevesse fosse uma denúncia a Hitler: durante vinte meses depois de setembro de 1939, devia-se acreditar que a Alemanha era mais injustiçada que juíza equivocada, e a palavra "nazismo", pelo menos nas palavras impressas, teve de sair de seu vocabulário. Imediatamente após ouvir o boletim de notícias das 8h na manhã do dia 22 de junho de 1941, teve-se que começar a acreditar mais uma vez que o nazismo era o mal mais hediondo que o mundo já havia visto.

Ora, é fácil para o político fazer tais mudanças: para um escritor, o caso é um pouco diferente. Se ele quiser mudar sua lealdade no momento certo, ele deve ou contar mentiras sobre seus sentimentos subjetivos, ou então suprimi-los completamente. Em ambos os casos, ele destruiu seu dínamo. As ideias não apenas se recusarão a chegar até ele, mas as próprias palavras que ele usa parecerão endurecer sob seu toque. A escrita política em nosso tempo consiste quase inteiramente de frases pré-fabricadas aparafusadas como as peças de um modelo mecânico infantil. É o resultado inevitável da autocensura. Para escrever em linguagem simples e vigorosa, é preciso pensar sem medo, e quando se pensa sem medo, não se pode ser politicamente ortodoxo. Pode até ser assim em uma "era de fé", quando a ortodoxia predominante já foi estabelecida há muito tempo e não é levada muito a sério. Nesse caso, seria possível, ou poderia ser possível, que grandes áreas da mente não fossem afetadas pelo que se acreditava oficialmente. Mesmo assim, vale a pena notar que a literatura em prosa quase desapareceu durante a única era de fé que a Europa já desfrutou. Durante toda a Idade Média não havia quase nenhuma literatura em prosa imaginativa e muito pouco na linha de escrita histórica; e os líderes intelectuais da sociedade expressaram seus pensamentos mais sérios em uma língua morta que quase não sofreu alterações durante mil anos.

  O totalitarismo, no entanto, não promete tanto uma era de fé, mas uma era de esquizofrenia. Uma sociedade se torna totalitária quando sua estrutura se torna flagrantemente artificial: isto é, quando sua classe dominante perdeu sua função, mas consegue se agarrar ao poder pela força ou por fraude. Tal sociedade, não importa por quanto tempo persista, nunca poderá se dar ao luxo de se tornar tolerante ou intelectualmente estável. Ela nunca pode permitir nem o registro verdadeiro dos fatos, nem a sinceridade emocional que a criação literária exige. Mas para ser corrompido pelo totalitarismo, não é preciso viver em um país totalitário. A mera prevalência de certas ideias pode espalhar um tipo de veneno que faz com que um assunto após o outro se torne impossível para fins literários. Onde quer que haja uma ortodoxia forçada – ou mesmo duas ortodoxias, como muitas vezes acontece – a boa escrita acaba. Isso foi bem ilustrado pela Guerra Civil Espanhola. Para muitos intelectuais ingleses, a guerra foi uma experiência profundamente comovente, mas não uma experiência sobre a qual eles pudessem escrever com sinceridade. Havia apenas duas coisas que se podia dizer, e ambas eram mentiras palpáveis: como resultado, a guerra produziu acres de materiais impressos, mas quase nada que valesse a pena ler.

Não está certo se os efeitos do totalitarismo sobre o verso são tão mortais quanto seus efeitos sobre a prosa. Há toda uma série de razões convergentes pelas quais é mais fácil para um poeta do que para um prosador sentir-se em casa em uma sociedade autoritária. Para começar, os burocratas e outros homens "práticos" geralmente desprezam demais o poeta para se interessarem muito pelo que ele está dizendo. Em segundo lugar, o que o poeta está dizendo – isto é, o que seu poema "significa", se traduzido em prosa – é de certa forma irrelevante, até para si mesmo. O pensamento contido em um poema é sempre simples, e não é o propósito primário do poema mais do que a anedota é o propósito primário do quadro. Um poema é formado de sons e associações, como uma pintura é um arranjo de pinceladas. Para pequenos trechos, de fato, como no refrão de uma canção, a poesia pode até mesmo dispensar o significado por completo. Portanto, é bastante fácil para um poeta se manter afastado de assuntos perigosos e evitar proferir heresias; e mesmo quando ele as pronuncia, elas podem passar despercebidas. Mas acima de tudo, um bom verso, ao contrário de uma boa prosa, não é necessariamente um produto individual. Certos tipos de poemas, como baladas, ou, por outro lado, formas de versos muito artificiais, podem ser compostos de forma coletiva por grupos de pessoas. É discutível se as antigas baladas inglesas e escocesas eram originalmente produzidas por indivíduos ou pelas pessoas em geral; mas de qualquer forma elas são não individuais, no sentido de que mudam constantemente de boca em boca. Mesmo quando impressas, não há duas versões de uma balada que sejam a mesma coisa. Muitos povos primitivos compõem versos comunitariamente. Alguém começa a improvisar, provavelmente acompanhado por um instrumento musical, outra pessoa se encaixa com uma linha ou uma rima quando o primeiro cantor faz uma pausa e, assim, o processo continua até que exista toda uma canção ou balada que não tem um único autor identificável.

Em prosa, esse tipo de colaboração íntima é bastante impossível. A prosa séria, em qualquer caso, tem que ser composta em solidão, enquanto a excitação de fazer parte de um grupo é na verdade uma ajuda para certos tipos de versificação. Um verso – e talvez um bom verso de sua própria espécie, ainda que não seja do tipo mais elevado – pode sobreviver mesmo sob o regime mais inquisitorial. Mesmo em uma sociedade onde a liberdade e a individualidade foram extintas, ainda haveria necessidade de canções patrióticas e baladas heróicas celebrando vitórias, ou de exercícios elaborados de bajulação; e esses são os tipos de poemas que podem ser escritos por encomenda ou compostos comunitariamente, sem necessariamente carecer de valor artístico. A prosa é um assunto diferente, já que o prosador não pode reduzir o alcance de seus pensamentos sem matar sua inventividade. Mas a história das sociedades totalitárias, ou de grupos de pessoas que adotaram a perspectiva totalitária, sugere que a perda da liberdade é prejudicial a todas as formas de literatura. A literatura alemã quase desapareceu durante o regime de Hitler, e o caso não foi muito melhor na Itália. A literatura russa, até onde se pode julgar pelas traduções, deteriorou-se acentuadamente desde os primeiros dias da revolução, embora alguns versos pareçam ser melhores do que a prosa. Pouco ou nenhum romance russo que possa ser levado a sério foi traduzido de quinze anos atrás até agora. Na Europa ocidental e na

América, grandes setores da inteligência literária passaram pelo Partido Comunista ou foram calorosamente simpáticos a ele, mas todo esse movimento de esquerda produziu extraordinariamente poucos livros que valessem a pena ler. O catolicismo ortodoxo, mais uma vez, parece ter um efeito esmagador sobre certas formas literárias, especialmente o romance. Durante um período de trezentos anos, quantas pessoas foram, ao mesmo tempo, bons romancistas e bons católicos? O fato é que certos temas não podem ser celebrados em palavras, e a tirania é um deles. Ninguém jamais escreveu um bom livro em louvor à Inquisição. A poesia pode sobreviver em uma era totalitária, e certas artes ou meias-artes, como a arquitetura, podem até achar a tirania benéfica, mas o escritor de prosa não teria escolha entre o silêncio ou a morte. A literatura de prosa como a conhecemos é o produto do racionalismo, dos séculos protestantes, do indivíduo autônomo. E a destruição da liberdade intelectual paralisa o jornalista, o escritor sociológico, o historiador, o romancista, o crítico e o poeta, nessa ordem. No futuro, é possível que um novo tipo de literatura, não envolvendo sentimento individual ou observação verídica, possa surgir, mas tal coisa é inimaginável no presente. É provável que se a cultura liberal em que vivemos desde o Renascimento chegar ao fim, a arte literária vai parecer com ela.

Obviamente, a impressão continuará a ser usada, e é interessante especular que tipo de conteúdo de leitura sobreviveria em uma sociedade rigidamente totalitária. Os jornais continuarão presumivelmente até que a técnica televisiva atinja um nível mais alto, mas, além dos jornais, é questionável até mesmo agora que a grande massa de pessoas nos países industrializados sente a necessidade de qualquer tipo de literatura. Eles não estão dispostos, de qualquer forma, a gastar tanto em leitura quanto em várias outras recreações. Provavelmente os romances e as histórias serão completamente substituídos por produções cinematográficas e radiofônicas. Ou talvez algum tipo de ficção sensacionalista de baixo nível sobreviverá, produzida por uma espécie de processo de esteira transportadora que reduz a iniciativa humana ao mínimo.

Provavelmente não estaria além da ingenuidade humana escrever livros por máquinas. Mas uma espécie de processo de mecanização já pode ser visto no cinema e no rádio, na publicidade e na propaganda, e nos meios mais baixos do jornalismo. Os filmes da Disney, por exemplo, são produzidos pelo que é essencialmente uma linha de produção, sendo o trabalho feito em parte de forma mecânica e em parte por equipes de artistas que têm que ignorar seu estilo individual. Os programas de rádio são comumente escritos por redatores cansados a quem o assunto e a forma de tratamento são ditados previamente: mesmo assim, o que eles escrevem é apenas uma espécie de matéria-prima a ser formatada por produtores e censores. É assim com os inúmeros livros e panfletos encomendados pelos departamentos governamentais. A produção de contos, seriados e poemas para as revistas muito baratas é ainda mais parecida com uma máquina. Jornais como o *Writer* estão cheios de anúncios de escolas literárias oferecendo enredos prontos por apenas alguns *shillings*. Algumas, além do enredo, fornecem frases de abertura e encerramento de cada capítulo. Outras lhe fornecem uma espécie de fórmula algébrica, através da qual você pode construir enredos sozinho. Outras têm pacotes de cartas marcadas com personagens e situações, que só precisam ser embaralhadas e trabalhadas a fim de produzir histórias engenhosas automaticamente. É provavelmente de alguma forma como essa que a literatura de uma sociedade totalitária seria produzida, se a literatura ainda fosse tida como necessária.

A imaginação – mesmo a consciência, na medida do possível – seria eliminada do processo de escrita. Os livros seriam planejados em suas linhas gerais por burocratas, e passariam por tantas mãos que, quando terminados, não seriam mais um produto individual, tal qual um carro Ford no final da linha de montagem. Não é necessário dizer que qualquer coisa produzida assim é lixo; mas qualquer coisa que não fosse lixo poria em perigo a estrutura do estado. Já à literatura reminiscente do passado teria que ser suprimida ou pelo menos reescrita de forma elaborada.

Enquanto isso, o totalitarismo não triunfou completamente em lugar nenhum. Nossa própria sociedade ainda é, em termos gerais, liberal. Para exercer seu direito de liberdade de expressão, é preciso lutar contra a pressão econômica e contra setores fortes da opinião pública, mas não, por enquanto, contra uma força policial secreta. Você pode dizer ou publicar quase tudo, desde que esteja disposto a fazer isso de uma forma clandestina e corajosa. Mas o que é assustador, como eu disse no início deste ensaio, é que os inimigos conscientes da liberdade são aqueles a quem a liberdade deveria significar mais. O grande público não se importa com o assunto de alguma forma. Eles não são a favor de perseguir o herege, assim como não vão se esforçar para defendê-lo. Eles são ao mesmo tempo demasiado sãos e estúpidos para adquirir a perspectiva totalitária. O ataque direto e consciente à decência intelectual vem dos próprios intelectuais.

É possível que os intelectuais russófilos, se não tivessem sucumbido a esse mito particular, teriam sucumbido a outro do mesmo tipo. Mas, de qualquer forma, o mito russo está lá, e a corrupção que ele causa fede. Quando se vê homens altamente educados olhando indiferentemente para a opressão e a perseguição, perguntamo-nos qual deles desprezar mais, seu cinismo ou sua miopia. Muitos cientistas, por exemplo, são os admiradores acríticos da U.R.S.S. Eles parecem pensar que a destruição da liberdade não tem importância, desde que sua própria área de trabalho não seja, de momento, afetada. A U.R.S.S. é um país grande, em rápido desenvolvimento, que tem uma grande necessidade de trabalhadores científicos e, consequentemente, os trata com generosidade. Desde que se mantenham afastados de assuntos perigosos, como a psicologia, os cientistas são pessoas privilegiadas. Os escritores, por outro lado, são perseguidos ferozmente. É verdade que prostitutas literárias como Ilya Ehrenburg ou Alexei Tolstoy recebem enormes somas de dinheiro, mas a única coisa que tem algum valor para o escritor – sua liberdade de expressão – é tirada deles. Pelos menos alguns dos cientistas ingleses que falam tão entusiasticamente sobre as oportunidades que os cientistas têm na Rússia são capazes de entender isto. Mas sua reflexão parece ser: "Os escritores são perseguidos na Rússia. E daí? Eu não sou um escritor". Eles não veem que qualquer ataque à liberdade intelectual, e ao conceito de verdade objetiva em si, ameaça a longo prazo todos os departamentos do pensamento.

No momento, o Estado totalitário tolera cientistas porque precisa deles. Mesmo na Alemanha nazista, os cientistas, exceto os judeus, eram relativamente bem tratados e a comunidade científica alemã, como um todo, não oferecia resistência a Hitler. Nesta fase da história, mesmo o governante mais autocrático é obrigado a levar em conta a realidade física, em parte devido à permanência de hábitos liberais de pensamento, em parte devido à necessidade de se preparar para a guerra. Enquanto a realidade física não puder ser completamente ignorada, enquanto dois e dois tiverem que somar quatro para, por exemplo, projetar um avião, o cientista tem sua função e pode até ter uma certa liberdade. Seu despertar virá mais tarde, quando o estado totalitário estiver firmemente estabelecido. Enquanto isso, se ele quer salvaguardar a integridade da ciência, é seu trabalho desenvolver algum tipo de solidariedade com seus colegas literários e não desconsiderá-la como uma questão de indiferença quando os escritores são silenciados ou levados ao suicídio e os jornais são sistematicamente falsificados.

Mas, independente de como seja com as ciências físicas, com a música, a pintura e a arquitetura, como eu tenho tentado mostrar: é certo que a literatura está condenada se a liberdade de pensamento perecer. Não está condenada apenas nos países que mantém uma estrutura totalitária; mas em qualquer escritor que adote a perspectiva totalitária, que encontre desculpas para a perseguição e a falsificação da realidade, também ele se destrói como escritor. Não há saída para isso. Nenhum sermão contra o "individualismo" e a "torre de marfim", nenhuma banalidade piedosa no sentido de que "a verdadeira individualidade só é alcançada através da identificação com a comunidade", pode superar o fato de que uma mente comprada é uma mente estragada. A menos que exista uma espontaneidade em algum momento, a criação literária é impossível, a linguagem se torna algo totalmente diferente do que é agora e nós teremos que aprender a separar a criação literária da honestidade intelectual. Atualmente, sabemos apenas que a imaginação, assim como alguns animais selvagens, não se reproduz em cativeiro. Qualquer escritor ou jornalista que negue esse fato – e quase todos os elogios atuais à União Soviética contêm ou implicam tal negação – está, de fato, exigindo sua própria destruição.

A Política e a Língua Inglesa

(publicado originalmente na revista *Horizon* em 1946)

A maioria das pessoas que se preocupam com o assunto admitiria que a língua inglesa está indo mal, mas geralmente se assume que não podemos, por ação consciente, fazer nada a respeito. Nossa civilização é decadente, e nossa língua – assim continua o argumento – deve inevitavelmente participar do colapso geral. Indo adiante, qualquer luta contra o abuso da linguagem é tida como um arcaísmo sentimental, assim como preferir as velas à luz elétrica ou as carroças aos aviões. No fundo disso está a crença semiconsciente de que a linguagem é um fenômeno natural e não um instrumento que moldamos para nossos próprios propósitos.

Agora, é claro que o declínio de uma língua deve ter, em última instância, causas políticas e econômicas: não se deve simplesmente à má influência deste ou daquele escritor individual. Mas um efeito pode se transformar na causa, reforçando a causa original e produzindo o mesmo efeito de forma intensificada e assim por diante indefinidamente. Um homem pode começar a beber porque se sente um fracasso e depois se tornar um fracasso ainda maior por beber. É a mesma coisa que está acontecendo com a língua inglesa. Ela se torna feia e imprecisa porque nossos pensamentos são tolos, mas o descuido com a nossa língua faz com que seja mais fácil ter pensamentos tolos. A questão é que o processo é reversível. O inglês moderno, especialmente o inglês escrito, está cheio de maus hábitos que se espalham por imitação e que podem ser evitados se alguém estiver disposto a se dar ao trabalho. Se alguém se livrar desses hábitos, consegue pensar mais claramente, e pensar claramente é o primeiro passo necessário para a regeneração política. Assim, a luta contra o inglês ruim não é frívola e não é uma preocupação exclusiva dos escritores profissionais. Voltarei a isso em breve e espero que até lá o significado do que eu disse até aqui fique mais claro. Enquanto isso, aqui estão cinco exemplares da língua inglesa como é habitualmente escrita agora.

Estas cinco passagens não foram escolhidas por serem especialmente ruins – eu poderia ter citado algumas muito piores se quisesse –, mas porque elas ilustram vários dos vícios mentais dos quais sofremos agora. Elas estão um pouco abaixo da média, mas são amostras representativas. Elas estão numeradas para que eu possa me referir a elas quando necessário:

(1) De fato, não tenho certeza se não é verdade dizer que Milton, que outrora parecia não ser diferente de um Shelley do século XVII, não tinha se tornado, por conta de uma experiência cada vez mais amarga a cada ano, mais estranho (sic) ao fundador daquela seita jesuíta que nada o poderia induzir a tolerar.

Professor Harold Laski
(Ensaio *Liberdade de Expressão*)

(2) Acima de tudo, não podemos ficar brincando de jogar pedras no lago com um acúmulo de expressões idiomáticas nativas que prescreve colocações de vocábulos tão notáveis como o básico *put up with* para *tolerate* (tolerar) ou *put at a loss* para *biwilder* (confundir, desorientar).

Professor Lancelot Hogben
(*Interglossa*)

(3) De um lado temos a personalidade livre; por definição, ela não é neurótica, pois não tem conflito nem sonho. Seus desejos, assim como são, são transparentes, pois são exatamente o que a aprovação institucional mantém na vanguarda da consciência;

outro padrão institucional alteraria seu número e intensidade; há pouco neles que seja natural, irredutível, ou culturalmente perigoso. Mas *por outro lado*, o vínculo social em si não é mais do que o reflexo mútuo dessas intempéries autoprotegidas. Lembrem-se da definição de amor. Não é essa a própria imagem de um pequeno acadêmico? Onde há um lugar neste salão de espelhos, seja para a personalidade ou para a fraternidade?

Ensaio sobre psicologia na revista *Politics*
(Nova York)

(4) Todas as "melhores pessoas" dos clubes de cavalheiros e todos os capitães fascistas frenéticos, unidos num ódio comum ao socialismo e num horror bestial da maré crescente do movimento revolucionário das massas, recorreram a atos de provocação, a um incendiarismo imundo, a lendas medievais de poços envenenados, a legalizar sua própria destruição de organizações proletárias e despertar a agitada pequena burguesia para o fervor chauvinista em nome da luta contra a saída revolucionária da crise.

Panfleto comunista

(5) Se um novo espírito *deve* ser infundido neste velho país, há uma reforma espinhosa e controversa que deve ser enfrentada: a humanização e a galvanização da BBC. A timidez quanto a essa questão vai provocar o cancro e a atrofia da alma. O coração da Grã-Bretanha pode ser seguro e de pulso forte, por assim dizer, mas o rugido do leão britânico no momento é como o do Bottom em *Sonhos de uma noite de verão*, de Shakespeare – tão inofensiva quanto qualquer pomba que ainda não voa. Uma nova e viril Grã-Bretanha não pode continuar indefinidamente a ser negociada nos olhos, ou melhor, nos ouvidos, do mundo pelas línguas efêmeras de Langham Place, descaradamente disfarçadas

de "inglês padrão". Quando a Voz da Grã-Bretanha é ouvida às nove horas, é infinitamente menos ridículo ouvir os "h"s serem ignorados do que o coro pedante, inflado, inibido e professoral do miado das donzelas imaculadas e tímidas.

Carta na Tribune

Cada uma dessas passagens tem suas próprias falhas, mas, além da feiura evitável, duas características são comuns a todas elas. A primeira é o uso de imagens ultrapassadas, a outra é a falta de precisão. O escritor ou tem um significado em mente e não pode expressá-lo, ou ele acaba, sem querer, dizendo outra coisa, ou ele é quase indiferente à presença ou à ausência de significado em suas próprias palavras. Essa mistura de imprecisão e pura incompetência é a característica mais marcante da prosa inglesa moderna, especialmente de qualquer tipo de escrita política. Assim que certos tópicos são levantados, o concreto e o abstrato se fundem e ninguém parece ser capaz de pensar em um discurso que não seja batido: a prosa consiste cada vez menos de *palavras* escolhidas por conta de seu significado, e cada vez mais por *frases* encaixadas como as partes de um galinheiro pré-fabricado. Abaixo listo, com notas e exemplos, vários dos truques usados para encurtar o trabalho de construção de um texto em prosa.

Metáforas moribundas. Uma metáfora recém-inventada ajuda a pensar ao evocar uma imagem visual, enquanto, por outro lado, uma metáfora que está tecnicamente "morta" (por exemplo, *iron resolution* – decisão de ferro) se tornou uma palavra comum e pode ser geralmente usada sem perda de vividez. Mas entre esses dois polos há uma enorme lixeira de metáforas desgastadas que perderam todo o poder evocativo e são usadas meramente porque poupam às pessoas o trabalho de inventar expressões por si mesmas. Exemplos disso são: *ring the changes on* (literalmente, tocar as mudanças – agitar as coisas), *take up the cudgels for* (literalmente, pegar os cassetetes para..., defender), *toe the line* (andar na linha), *ride roughshod over* (passar dos limites), *stand shoulder to shoulder with* (ficar de ombro a ombro com), *play into the hands of* (jogar nas mãos de, dar de mão beijada), *an axe to grind* (provocar briga), *rift within the lute* (sinais de desarmonia entre pessoas), *grist to the mill* (algo é útil), *fishing in troubled waters* (pescar em águas turbulentas), *on the order of the day* (na ordem do dia), *Achilles' heel* (calcanhar de Aquiles), *swan song* (canto dos cisnes), *hotbed* (literalmente, cama quente: lugar agitado, movimentado). Muitas delas são usadas sem o conhecimento de seu significado (o que é "*rift*", por exemplo?), além de que metáforas incompatíveis são frequentemente misturadas, um sinal seguro de que o escritor não está interessado no que está dizendo. Algumas metáforas atuais foram desvirtuadas de seu significado original sem que aqueles que as utilizam tenham sequer consciência do fato. Por exemplo, *toe the line* é às vezes escrito *tow the line*. Outro exemplo é *the hammer and the anvil* (o martelo e a bigorna), usada hoje em dia com a implicação de que a situação é pior para a bigorna. Na vida real, é sempre a bigorna que quebra o martelo, nunca o contrário: um escritor que parasse para pensar o que diz teria consciência disso e evitaria perverter a frase original.

Entidades ou objetos verbais desnecessários. Esses poupam o trabalho de escolher os verbos e substantivos apropriados e, ao mesmo tempo, enchem cada frase com sílabas extras que lhe dão uma aparência de simetria. As frases características são: *render inoperative* (tornar inoperante), *militate against* (militar contra), *prove unacceptable* (provar inaceitável), *make contact with* (fazer contato com), *be subjected to* (se sujeitar a), *give rise to* (dar chance para), *give grounds for* (dar motivos para), *having the effect of* (ter o efeito de), *play a leading part (role) in* (ter um papel central em), *make itself felt* (se fazer sentir), *take effect* (ter efeito), *exhibit a tendency to* (exibir uma tendência a), *serve the purpose of* (servir os propósitos de) etc, etc. A tônica é a eliminação de verbos simples. Em vez de usar uma única palavra, como *break* (quebrar), *stop* (parar), *spoil* (estragar), *mend* (emendar), *kill* (matar), um verbo se torna uma *expressão*, composto de um substantivo ou um adjetivo com um verbo de propósito geral como *prove* (provar), *serve* (servir), *form* (formar), *play* (jogar), *render* (tornar). Além disso, a voz passiva é usada sempre que possível em detrimento da voz ativa, e as construções com substantivos são usadas no lugar de gerúndios (*by examination of* – pela análise de – no lugar de *by examining* – analisando). A gama de verbos é ainda mais reduzida com as formações "*-ize*"[13] e "*de-*"[14], e as declarações banais recebem uma aparência de profundidade por meio da formação "*not un-*"[15]. Conjunções e preposições simples são substituídas por frases como *with respect to* (em respeito a), *having regard to* (tendo em conta que), *the fact that* (o fato que), *by dint of* (por ocasião de), *in view of* (considerando), *in the interests of* (nos interesses de), *on the hypothesis that* (na hipótese de), e o final das frases é salvo de um grande anticlímax com lugares comuns retumbantes como *greatly to be desired* (a ser grandemente desejado), *cannot be left out of account* (não deve ser desconsiderado), *a development to be expected in the near future* (uma continuação esperada para o futuro próximo), *deserving of serious consideration* (merecedor de séria consideração), *brought to a satisfactory conclusion* (chegou a uma conclusão satisfatória).

Dicção pretensiosa. Palavras como *phenomenon* (fenômeno), *element* (elemento), *individual* (como substantivo – indivíduo), *objective* (objetivo), *categorial* (categórico), *effective* (efetivo), *virtual* (virtual), *basis* (base), *primary* (primário), *promote* (promover), *constitute* (constituir), *exhibit* (exibir), *utilize* (utilizar),

---

[13] N.T.: Sufixo adicionado para formar verbos transitivos a partir de adjetivos ou substantivos. Por exemplo: *fossil – fossilize* (fóssil – fossilizar).

[14] N.T.: Prefixo inserido antes de palavras em geral para indicar o oposto: *construct – deconstruct* (construir – desconstruir).

[15] N.T.: Juntos, "*not un-*" forma uma negação dupla, como em *não impossível*.

eliminate (eliminar), *liquidate* (liquidar), são usadas para empolar afirmações simples e dar um ar de imparcialidade científica a julgamentos tendenciosos. Adjetivos como *epoch-making* (que marca uma era), *epic* (épico), *historic* (histórico), *unforgettable* (inesquecível), *triumphant* (triunfante), *age-old* (velho), *inevitable* (inevitável), *inexorable* (inexorável), *veritable* (autêntico), são usados para dignificar os processos sórdidos da política internacional, enquanto a escrita que visa glorificar a guerra geralmente assume um tom arcaico, sendo suas palavras características: *realm* (reino), *throne* (trono), *chariot* (carruagem), *mailed fist* (forças armadas), *trident* (tridente), *sword* (espada), *shield* (escudo), *buckler* (broquel), *banner* (bandeira), *jackboot* (bota) e *clarion* (clarim). Palavras e expressões estrangeiras como *cul de sac* (do francês, fim de mundo), *ancien régime* (do francês, antigo regime), *deus ex machina* (do latim, denota uma resolução inverossímil a um problema dramático), *mutatis mutandis* (também do latim, quando as mudanças necessárias forem feitas), *status quo* (do latim, o estado das coisas), *Gleichschaltung* (do alemão, alinhamento – palavra usada no contexto nazista com o sentido de sistema de uniformização), *Weltanschauung* (do alemão, visão de mundo), são usadas para dar um ar de cultura e elegância. Exceto pelas abreviações úteis, como *i.e.* (do latim *id est*, isto é), *e.g.* (do latim *exempli gratia*, por exemplo) e *etc.* (do latim, *et cetera*, e assim por diante), não há nenhuma necessidade real de qualquer uma das centenas de frases estrangeiras presentes atualmente no inglês. Os maus escritores, e especialmente os escritores científicos, políticos e sociológicos, são quase sempre assombrados pela noção de que as palavras latinas ou gregas são mais grandiosas do que as saxônicas, e palavras desnecessárias como *expedite* (acelerar, expedir), *ameliorate* (amenizar), *predict* (prever), *extraneous* (alheio), *deracinated* (desenraizado), *clandestine* (clandestino), *sub-aqueous* (sub-aquático) e centenas de outras ganham constantemente mais terreno de suas contrapartes anglo-saxãs[16].

O jargão peculiar à escrita marxista (*hyena* – hiena, *hangman* – carrasco, *cannibal* – canibal, *petty bourgeois* – pequena burguesia, *these gentry* – senhorio, *lackey* – lacaio, *flunkey* – servo, *mad dog* – cachorro louco, *white guard* – guarda branca etc.) consiste em grande parte em palavras e frases traduzidas do russo, alemão ou francês; mas a maneira normal de cunhar uma nova palavra é usar uma raiz latina ou grega com a afixação apropriada e, quando necessário, a formação "*-ize*". Muitas vezes é mais fácil inventar palavras deste tipo (*deregionalize* – desregionalizar; *impermissible* – inadmissível; *extramarital* – extramarital; *non-fragmentatory* – não-fragmentário, e assim por diante) do que pensar nas palavras inglesas que darão conta do seu significado. O resultado, em geral, é um aumento do descuido e da imprecisão.

Palavras sem sentido. Em certos tipos de escrita, particularmente na crítica de arte e na crítica literária, é normal encontrar longas passagens que são quase completamente desprovidas de significado[17]. Palavras como *romantic* (romântico), *plastic* (plástico), *values* (valores), *human* (humano), *dead* (morto), *sentimental* (sentimental), *natural* (natural), *vitality* (vitalidade), tal como usadas na crítica de arte, são

---

16 Nota do autor: Uma interessante ilustração disto é como os nomes inglesas comuns das flores estão sendo substituídos pelos gregos: *snapdragon* se tornou *antirrhinum*, *forget-me-not* se tornou *myosotis* etc. É difícil ver qualquer razão prática para essa mudança de moda: provavelmente é devido a uma recusa instintiva da palavra mais caseira e um sentimento vago de que a palavra grega é mais científica.

17 Nota do autor: Exemplo: "A percepção e a imagem católica do conforto, estranhamente parecidas em alcance com a obra de Whitman, quase o oposto em termos de compulsão estética, continua a evocar aquele tremendo acúmulo atmosférico insinuando uma intemporalidade cruel e inexoravelmente serena...Wrey Gardiner acerta ao visar simples olhos de boi com precisão. Só que eles não são tão simples, e através desta tristeza contente corre mais do que a superfície agridoce da resignação" (*Poetry Quarterly*).

estritamente desprovidas de sentido, já que que não só não remetem para nenhum objeto descoberto, como dificilmente terão algum significado para o leitor. Enquanto um crítico escreve: "A característica mais marcante do trabalho do Sr. X é sua qualidade vivaz", e outro escreve: "A coisa imediatamente marcante do trabalho do Sr. X é sua morte peculiar", o leitor aceita isso como uma simples diferença de opinião. Se palavras como *preto* e *branco* estivessem envolvidas, em vez das palavras jargão *morte* e *vivaz*, ele veria imediatamente que a linguagem estava sendo usada de forma imprópria. Muitas palavras políticas também sofrem abusos semelhantes. A palavra *fascismo* não tem nenhum significado agora, exceto na medida em que significa "algo não desejável". As palavras *democracia, socialismo, liberdade, patriótico, realista* e *justiça* têm vários significados diferentes para cada uma, e eles nem sempre podem ser reconciliados entre si. No caso de uma palavra como *democracia*, não só não há uma definição acordada, mas a própria tentativa de se fazer uma sofre resistência por todos os lados. É quase universalmente perceptível que, quando chamamos um país de democrático, estamos elogiando: consequentemente, os defensores de qualquer tipo de regime afirmam que ele é uma democracia, e temem que eles tenham que parar de usar a palavra se ela estiver ligada a um significado específico. Palavras desse tipo são frequentemente usadas de forma consciente e desonesta. Ou seja, a pessoa que as usa tem sua própria definição privada, mas permite que seu ouvinte pense que ele significa algo bem diferente. Afirmações como *Marechal Pétain foi um verdadeiro patriota, A Imprensa Soviética é a maior do mundo, A Igreja Católica se opõe à repressão*, são quase sempre feitas com a intenção de enganar. Outras palavras usadas em significados variáveis, na maioria dos casos mais ou menos desonestamente, são: *class* (classe), *totalitarian* (totalitário), *science* (ciência), *progressive* (progressista), *reactionary* (reacionário), *bourgeois* (burguês), *equality* (igualdade).

Agora que fiz esse catálogo de embustes e perversões, vou dar outro exemplo do tipo de escrita ao qual eles conduzem. Desta vez deve ser, por sua natureza, imaginário. Vou traduzir uma passagem do bom inglês para o inglês moderno da pior espécie. Aqui está um versículo bem conhecido de *Eclesiastes*:

> Voltei-me e vi que, debaixo do sol, a carreira não é dos ligeiros, a peleja não é dos valentes, o pão tampouco não é dos sábios, a riqueza não é dos prudentes e o favor não é dos inteligentes, mas o tempo e a sorte pertencem a todos.

Aqui está em inglês moderno:

> A consideração objetiva dos fenômenos contemporâneos obriga a concluir-se que o sucesso ou o fracasso nas atividades competitivas não tem a tendência de ser proporcional à capacidade inata, mas que um elemento considerável do imprevisível deve ser invariavelmente levado em conta.

Essa é uma paródia, mas não muito grosseira. O exemplo 3, acima, por exemplo, contém vários trechos do mesmo tipo de inglês. É possível ver que eu não fiz uma tradução completa. O início e o final da frase seguem o significado original bastante de perto, mas no meio as palavras concretas – corrida, batalha, pão – se dissolvem na vaga frase "sucesso ou fracasso em atividades competitivas". Isso tinha que ser assim, porque nenhum escritor moderno do tipo que estou discutindo – nenhum capaz de usar frases como "a consideração objetiva dos fenômenos contemporâneos" – jamais tabularia seus pensamentos dessa maneira precisa e detalhada. Toda a tendência da prosa moderna está longe da concretude. Agora, analise estas duas sentenças um pouco mais de perto. A primeira contém 48 palavras, mas apenas 77 sílabas, e todas as suas palavras são as da vida cotidiana. A segunda contém 41 palavras e 108 sílabas, com palavras de raízes latinas e gregas. A primeira frase contém seis imagens vívidas, e apenas uma frase ("tempo e acaso") que poderia ser chamada de vaga. A segunda não contém uma única frase inovadora e surpreendente e, apesar de suas 108 sílabas, dá apenas uma versão resumida do significado contido na primeira. No entanto, é sem dúvida o segundo tipo de frase que está ganhando terreno no inglês moderno. Não quero exagerar. Esse tipo de escrita ainda não é universal, e afloramentos de simplicidade ocorrem aqui e ali, até mesmo nas piores páginas redigidas. Ainda assim, se você ou eu tivéssemos que escrever algumas linhas sobre a incerteza da sorte humana, provavelmente estaríamos muito mais próximos da minha frase imaginária do que daquela de *Eclesiastes*.

Como tentei mostrar, a escrita moderna no seu pior não consiste em escolher palavras por causa de seu significado e inventar imagens a fim de tornar o significado mais claro. Consiste em juntar longas tiras de palavras que já foram colocadas nessa ordem por outra pessoa, e fazer com que os resultados fiquem apresentáveis por pura charlatanice. A atração dessa forma de escrever é que ela é fácil. É mais fácil – e ainda mais rápido, quando já se tem o hábito – dizer *em minha opinião não é uma assunção injustificável* do que dizer *eu acho*. Se você usa frases prontas, você não só não precisa caçar por palavras, como também não precisa se preocupar com os ritmos de suas frases, uma vez que essas frases são geralmente dispostas de modo a serem mais ou menos eufônicas. Quando você está compondo com pressa – quando está ditando a um estenógrafo, por exemplo, ou fazendo um discurso público – é natural que caia num estilo pretensioso e latinizado. Fórmulas como *uma consideração importante de se ter em mente* ou *uma conclusão à qual chegaríamos facilmente* evitam que muitas frases caiam como um estrondo. Ao usar metáforas, similitudes e expressões idiomáticas obsoletas, você economiza muito esforço mental ao custo de deixar seu significado vago, não apenas para seu leitor, mas para você mesmo. Essa é a importância das metáforas mistas. O único objetivo de uma metáfora é criar uma imagem visual. Quando estas imagens se chocam – como em *O polvo fascista cantou o canto dos cisnes* ou *A bota foi colocada no caldeirão cultural* – pode-se ter certeza de que o escritor não está criando uma imagem mental dos objetos que está nomeando; em outros palavras, não está pensando de fato. O professor Laski (1) usa cinco palavras negativas em um total de 53 palavras. Um deles é supérfluo, fazendo com que o resto da passagem perca seu sentido e, além disso, há o deslize no significado de *alien* (estranho) para *akin* (parecido), fazendo com que o texto perca seu sentido, além de vários outros trechos desajeitados que aumentam a imprecisão geral. O professor Hogben (2) brinca de atirar pedras no lago com um acúmulo capaz de escrever receitas médicas e, embora desaprove a cotidiana frase *put up with* (aguentar), não está disposto a procurar *egregious* no dicionário. Em (3), se a pessoa tiver uma atitude pouco voluntariosa em relação a esse trecho, ele simplesmente não faz sentido: provavelmente se poderia descobrir seu significado pretendido lendo todo o artigo em que ocorre. Em (4), o escritor sabe mais ou menos o que quer dizer, mas um acúmulo de frases obsoletas o sufocam como folhas de chá entupindo uma pia. Em (5), as palavras e o significado quase se separaram. As pessoas que escrevem dessa maneira geralmente têm uma mensagem emocional geral – elas não gostam de uma coisa e querem expressar solidariedade com outra –, mas não estão interessadas nos detalhes do que estão dizendo. Um escritor escrupuloso fará a si mesmo pelo menos quatro perguntas para cada frase que escreve: O que eu estou tentando dizer? Que palavras irão expressá-lo? Que imagem ou expressão idiomática tornará a mensagem mais clara? Essa imagem é nova o suficiente para ter efeito? E é possível fazer mais duas: Poderia colocá-la de forma mais breve? Eu disse alguma coisa que seja desnecessariamente feia? Mas você não é obrigado a se dar todo esse trabalho. Você pode se esquivar simplesmente jogando sua mente aberta e deixando as frases prontas se aglomerarem. Eles construirão suas frases para você – até mesmo pensar em seus pensamentos para você, até certo ponto – e, em caso de necessidade, prestarão o importante serviço de esconder parcialmente seu significado até mesmo de você mesmo. É nesse ponto que a conexão especial entre a política e o rebaixamento da linguagem se torna clara.

Em nosso tempo, em geral é verdade que a escrita política é mal escrita. Quando não é verdade, geralmente se descobrirá que o escritor é algum tipo de rebelde, expressando suas opiniões privadas e não uma "linha partidária". A ortodoxia, de qualquer tipo, parece exigir um estilo sem vida e imitativo. Os dialetos políticos encontrados em panfletos, artigos, manifestos, Livros Brancos e discursos de subsecretários variam, é claro, de partido para partido, mas são todos iguais, pois quase nunca se encontra neles uma reviravolta de discurso própria, vívida e inovadora. Quando se assiste a uma pessoa não especializada cansada no palco, repetindo mecanicamente as frases familiares – *atrocidades bestiais, tacão de ferro, tirania de sangue, pessoas livres do mundo, estar ombro a ombro* –, frequentemente se tem uma sensação curiosa de que não se está assistindo a um ser humano vivo, mas a algum tipo de boneco: uma sensação que, de repente, se torna mais forte nos momentos em que a luz captura o óculos do falante e os transforma em discos em branco que parecem não ter olhos por trás. E isso não é de todo fantasioso. Um orador que usa esse tipo de fraseologia percorreu uma boa distância para se tornar uma máquina. Os ruídos apropriados estão saindo de sua laringe, mas seu cérebro não está envolvido como estaria se a pessoa escolhesse as palavras por si mesma. Se o discurso é recorrente, a pessoa pode estar quase inconsciente de seu conteúdo, como acontece quando alguém pronuncia as respostas na igreja. E esse estado reduzido de consciência, se não indispensável, é de qualquer forma favorável à conformidade política.

Em nosso tempo, o discurso e a escrita política são em grande parte a defesa do indefensável. Coisas como a manutenção do domínio britânico na Índia, os expurgos e as deportações russas, o lançamento das bombas atômicas no Japão, são feitos que podem, de fato, ser defendidos, mas somente por argumentos que são brutais demais para a maioria das pessoas enfrentarem, e que não condizem com os objetivos professados pelos partidos políticos. Assim, a linguagem política tem de consistir em grande parte de eufemismos, questionamentos e pura nebulosidade. As aldeias indefesas são bombardeadas pelo ar, os habitantes são expulsos para o campo, o gado é morto a bala, as cabanas são postas em chamas com balas incendiárias: isso é chamado de *pacificação*. Milhões de camponeses são retirados de suas fazendas e mandados para as estradas sem mais do que podem carregar: isso é chamado de *transferência de população* ou ainda *retificação de fronteira*. As pessoas são presas durante anos sem julgamento, baleadas na nuca ou enviadas para morrer de escorbuto em madeireiras no Ártico: o nome disso é *eliminação de elementos não confiáveis*. Tal fraseologia é necessária quando se quiser nomear coisas sem chamar imagens mentais das mesmas. Considere, por exemplo, um confortável professor de inglês defendendo o totalitarismo russo. Ele não pode dizer, sem rodeios: "Eu acredito em matar seus oponentes quando se pode obter bons resultados fazendo isso". Provavelmente, portanto, ele dirá algo como:

Embora admitindo livremente que o regime soviético exibe certas características que um humanitário pode estar inclinado a deplorar, devemos, creio, concordar que um certo cerceamento do direito à oposição política é um concomitante inevitável dos períodos de transição, e que os rigores que o povo russo foi convidado a sofrer foram amplamente justificados na esfera da realização concreta.

O estilo inflado é, em si mesmo, uma espécie de eufemismo. Uma massa de palavras latinas cai sobre os fatos como neve suave, embaçando os contornos e cobrindo todos os detalhes. O grande inimigo da linguagem clara é a insinceridade. Quando há uma lacuna entre os objetivos reais e declarados, a pessoa se volta, como que instintivamente, para palavras longas e expressões idiomáticas esgotadas, como um choco esguichando tinta. Em nossa época, não existe algo como "manter-se fora da política". Todas as questões são questões políticas, e a própria política é uma massa de mentiras, evasões, tolices, ódio e esquizofrenia. Quando a atmosfera geral é ruim, a linguagem sofre. A minha expectativa é – e esse um palpite que não tenho conhecimento suficiente para verificar – que as línguas alemã, russa e italiana tenham se deteriorado nos últimos dez ou quinze anos como resultado das ditaduras que sofreram.

Mas se o pensamento corrompe a linguagem, a linguagem também pode corromper o pensamento. Um mau uso pode se espalhar pela tradição e pela imitação, mesmo entre pessoas que deveriam saber – e sabem – que não é assim. A linguagem degradada que venho discutindo é, de certa forma, muito conveniente. Frases como *suposição não sem justificativa, deixa muito a desejar, não serve a nenhum propósito, uma consideração que devemos ter em mente*, são uma tentação contínua, um pacote de aspirinas sempre à mão. Olhe para o começo deste ensaio e você com certeza descobrirá que eu cometo várias vezes as falhas contra as quais estou protestando. Recebi, no correio desta manhã, um panfleto sobre as condições na Alemanha. O autor diz que "sentiu-se impelido" a escrevê-lo. Eu o abri ao acaso, e aqui está quase a primeira frase que vejo: "[Os Aliados] têm uma oportunidade não só de conseguir uma transformação radical da estrutura social e política da Alemanha, de modo a evitar uma reação nacionalista na própria Alemanha, mas ao mesmo tempo de criar as bases de uma Europa cooperativa e unificada". Vê, ele "se sente impelido" a escrever – sente, supostamente, que tem algo novo a dizer – e ainda assim suas palavras, como cavalos de cavalaria respondendo à corneta, se agrupam automaticamente no padrão familiar e sombrio. Esta invasão da mente por frases prontas (*criar a base, alcançar uma transformação radical*) só pode ser evitada se alguém estiver constantemente em guarda contra elas; cada uma dessas frases anestesia uma parte do cérebro.

Eu disse anteriormente que a decadência de nossa linguagem é provavelmente curável. Aqueles que negam isso argumentariam, se fossem capazes de produzir um argumento, que a linguagem reflete meramente as condições sociais existentes, e que não podemos influenciar seu desenvolvimento por meio de qualquer ajuste direto de palavras e construções. Quanto ao tom ou espírito geral de uma língua, isso pode ser verdade, mas não é verdade nos detalhes. Palavras e expressões bobas muitas vezes desapareceram não por meio de qualquer processo evolutivo, mas devido à ação consciente de uma minoria. Dois exemplos recentes foram *explore every avenue* (explorar todas as alternativas) e *leave no stone unturned* (fazer tudo que for possível), que foram mortas pelas zombarias de alguns poucos jornalistas. Há uma longa lista de metáforas que poderiam ser eliminadas se um número suficiente de pessoas se interessassem nisso; e também deveria ser possível rir tanto da estrutura *not un-* (uma dupla negação, como não impossível no lugar de possível) que ela parasse de ser usada[18], reduzir a quantidade de latim e grego na frase média, expulsar frases estrangeiras e palavras científicas perdidas, e, em geral, tornar a pretensão antiquada. Mas todos estes são pontos menores. A defesa da língua inglesa implica mais do que isso, e talvez seja melhor começar por dizer o que *não* implica.

---

[18] Nota do autor: Pode-se curar a si mesmo da estrutura *not un-* memorizando esta frase: *a not unblack dog was chasing a not unsmall rabbit across a not ungreen field* (Um cão não não preto estava perseguindo um coelho não não pequeno através de um campo não não verde).

Para começar, não tem nada a ver com o arcaísmo, com o resgate de palavras e voltas de fala obsoletas, ou com a criação de um "inglês padrão" do qual nunca se deve afastar. Pelo contrário, ela está especialmente preocupada com a eliminação de cada palavra ou expressão idiomática que tenha ultrapassado sua utilidade. Não tem nada a ver com gramática e sintaxe corretas, que não têm importância desde que se deixe claro o seu significado, ou com o evitar de americanismos, ou com ter o que é chamado de "bom estilo de prosa". Por outro lado, não se preocupa com a falsa simplicidade e com a tentativa de tornar coloquial a escrita em inglês. Nem sequer implica em preferir sempre a palavra saxônica à palavra latina, embora implique escolher o jeito mais curto e menos numeroso de palavras que cobrem o significado desejado. O que é necessário, acima de tudo, é deixar o significado escolher a palavra, e não o contrário. Em prosa, a pior coisa que se pode fazer com as palavras é entregá-las. Quando você pensa em um objeto concreto, você pensa sem palavras, e então, se você quiser descrever o que você visualizou, você provavelmente caça até encontrar as palavras exatas que parecem caber nele. Quando você pensa em algo abstrato, você está mais inclinado a usar palavras desde o início, e a menos que você faça um esforço consciente para evitá-lo, o dialeto existente virá apressado e fará o trabalho por você, às custas de embaçar ou mesmo mudar seu significado. Provavelmente é melhor evitar o uso das palavras longas e obter um significado tão claro quanto possível por meio de imagens ou sensações. Depois disso, pode-se escolher – não simplesmente *aceitar* – as frases que melhor cubram o significado, e então trocar e decidir que impressões as palavras de uma pessoa podem causar em outra pessoa. Esse último esforço da mente corta todas as imagens obsoletas ou mistas, todas as frases pré-fabricadas, as repetições desnecessárias, os enganos e a vagueza em geral. Mas muitas vezes pode-se estar em dúvida sobre o efeito de uma palavra ou frase, e é preciso ter regras nas quais se pode confiar quando o instinto falha. Acho que as regras a seguir cobrirão a maioria dos casos:

(i) Nunca use uma metáfora, uma símile ou outra figura de linguagem que você está acostumado a ver no papel.
(ii) Nunca use uma palavra longa onde uma palavra curta é suficiente.
(iii) Se for possível cortar uma palavra, corte sempre.
(iv) Nunca use a voz passiva quando você pode usar a voz ativa.
(v) Nunca use uma frase estrangeira, uma palavra científica ou um jargão se você puder pensar em um equivalente em inglês comum.
(vi) Quebre qualquer uma dessas regras antes de dizer algo atroz.

Essas regras parecem elementares, e são, mas exigem uma profunda mudança de atitude em qualquer pessoa que tenha se acostumado a escrever no estilo da moda. Poderíamos manter todas elas e ainda escrever mal em inglês, mas não escreveríamos o tipo de coisa que citei nos cinco espécimes no início deste artigo.

Não tenho considerado aqui o uso literário da linguagem, mas apenas a linguagem como um instrumento para expressar, e não para esconder ou impedir o pensamento. Stuart Chase e outros chegaram perto de afirmar que todas as palavras abstratas não têm sentido, e usaram isso como pretexto para defender uma espécie de quietismo político. Como você não sabe o que é o fascismo, como você pode lutar contra o fascismo? Não é preciso engolir absurdos como esse, mas é preciso reconhecer que o caos político atual está ligado à decadência da linguagem, e que provavelmente se pode trazer alguma melhoria começando pela parte verbal. Se você simplificar seu inglês, estará livre das piores loucuras da ortodoxia. Você não pode falar nenhum dos dialetos necessários, e quando você faz uma observação estúpida, sua estupidez será óbvia, até para você mesmo. A linguagem política – e, com variações, isso é verdade para todos os partidos políticos, desde os conservadores até os anarquistas – é projetada para fazer com que as mentiras soem verdadeiras e assassinatos soem respeitáveis, e para dar uma aparência de solidez ao vento puro. Não se pode mudar tudo isso em um momento, mas pode-se ao menos mudar os próprios hábitos, e de tempos em tempos pode-se até mesmo, zombando alto o suficiente, mandar algumas frases desgastadas e inúteis – alguma *bota, calcanhar de Aquiles, hotbed, caldeirão cultural, acid test* (teste conclusivo), *veritable inferno* (verdadeiro inferno) e outros itens de recusa verbal – para o lixo ao qual pertencem.

Política *Vs.* Literatura: Uma Análise das Viagens de Gulliver

(publicado originalmente na revista *Polemic* em 1946)

Em *As viagens de Gulliver*, a humanidade é atacada, ou criticada, a partir de pelo menos três ângulos diferentes, e o suposto caráter do próprio Gulliver vai mudando ao longo do processo. Na Parte I, ele é o viajante típico do século XVIII, ousado, prático e pouco romântico, seu perfil comum habilmente passado para o leitor pelos detalhes biográficos no início, por sua idade (ele é um homem de quarenta anos, com dois filhos, quando suas aventuras começam) e pelo inventário das coisas em seus bolsos, especialmente seus óculos, que fazem várias aparições durante a narrativa. Na Parte II, ele tem em geral o mesmo caráter, mas nos momentos em que a história exige, ele tem a tendência de se tornar um imbecil capaz de se gabar de "nosso nobre País, a Senhora das Artes e Armas, o flagelo da França" etc., etc., e ao mesmo tempo de trair todos os fatos escandalosos disponíveis sobre o país que ele professa amar. Na Parte III, ele está como estava na Parte I, no entanto, como ele convive principalmente com pessoas da corte e com homens do conhecimento, tem-se a impressão de que ele se elevou na escala social. Na Parte IV, ele desenvolve um horror da raça humana que não é aparente, ou pelo menos não tão aparente, nos livros anteriores, e se transforma em uma espécie de anacoreta não religioso cujo único desejo é viver em algum lugar desolado onde possa dedicar-se a meditar sobre a bondade dos Houyhnms. Entretanto, essas inconsistências da personagem são forçadas à Swift pelo fato de Gulliver existir principalmente para mostrar os contrastes. É necessário, por exemplo, que ele pareça sensato na Parte I e pelo menos intermitentemente bobo na Parte II, porque, em ambos os livros, a manobra essencial é a mesma, ou seja, fazer o ser humano parecer ridículo ao imaginá-lo como uma criatura de seis polegadas de altura. Sempre que Gulliver não está agindo como um fantoche, há uma espécie de continuidade em seu caráter, que se manifesta especialmente em sua desenvoltura e sua observação dos detalhes físicos. Ele acaba sendo o mesmo tipo de pessoa, com o mesmo estilo de prosa, quando carrega os navios de guerra de Blefuscu, quando rasga a barriga do monstruoso rato e quando navega sobre o oceano em seu coracle frágil feito a partir das peles de Yahoos. Além disso, é difícil não sentir que em seus momentos mais astutos Gulliver é simplesmente o próprio Swift, e há pelo menos um incidente no qual Swift parece estar desabafando sua queixa privada contra a sociedade contemporânea. Deve se lembrar que, quando o palácio do Imperador de Lilliput se incendeia, Gulliver o apaga urinando sobre ele. Em vez de ser parabenizado por sua presença de espírito, ele descobre que cometeu uma ofensa capital ao tirar a água do joelho no recinto do palácio, "e me asseguraram privadamente 'de que a imperatriz, com grande repúdio pelo que fiz, se removeu para a parte mais distante do palácio e resolveu com firmeza que aqueles edifícios nunca seriam reparados para seu uso' e, na presença de seus principais conselheiros, não se absteve de jurar vingança".

Segundo o professor G. M. Trevelyan (*"England Under Queen Anne"* – Inglaterra sob o reinado da Rainha Anne), um dos motivos pelos quais Swift não conseguiu obter privilégios foi o fato de que a Rainha se escandalizou com *Um conto de banheira* – um panfleto no qual Swift provavelmente sentiu que havia prestado um grande serviço à Coroa Inglesa, uma vez que escandalizou os dissidentes ingleses e ainda mais os católicos, deixando a Igreja Anglicana em paz. De qualquer forma, ninguém negaria que *As viagens de Gulliver* é um livro rancoroso e pessimista, e que, especialmente nas Partes I e III, muitas vezes desce ao partidarismo político de um tipo fechado. A mesquinhez e a magnanimidade, o republicanismo e o autoritarismo, o amor à razão e a falta de curiosidade, estão todos misturados nele. O ódio ao corpo humano ao qual Swift está especialmente associado só é dominante na Parte IV, mas de alguma forma essa nova preocupação não é uma surpresa. Sente-se que todas essas aventuras, e todas essas mudanças de humor, poderiam ter acontecido com a mesma pessoa, e a interconexão entre a lealdade política de Swift e seu desespero final é uma das características mais interessantes do livro.

Politicamente, Swift foi uma daquelas pessoas que foram levadas a uma espécie de conservadorismo perverso pelas loucuras do partido progressista do momento. A Parte I de *As viagens de Gulliver*, uma sátira ostensiva sobre a grandeza humana, pode ser vista, se olharmos um pouco mais profundamente, como um simples ataque à Inglaterra, ao dominante Partido Whig[19], e à guerra com a França, que – por pior que tenham sido os motivos dos Aliados – pôde salvar a Europa de ser tiranizada por um único poder reacionário. Swift não foi um jacobino nem um *tory*, e seu objetivo declarado na guerra foi apenas um tratado de paz moderado, e não a derrota total da Inglaterra. No entanto, há um matiz de traição em sua atitude, que surge no final da Parte I e interfere ligeiramente na alegoria. Quando Gulliver foge de Lilliput (Inglaterra) para Blefuscu (França), a suposição de que um ser humano com seis polegadas de altura é inerentemente desprezível parece ter sido abandonada. Enquanto o povo de Lilliput se comportou em relação a Gulliver com a maior traição e mesquinhez, os de Blefuscu se comportam de forma generosa e direta e, de fato, essa seção do livro termina com uma nota diferente da desilusão geral dos capítulos anteriores. Evidentemente, o ódio de Swift é, em primeiro lugar, contra a Inglaterra. São "seus nativos" (ou seja, os companheiros de Gulliver) que o Rei

---

[19] N.T.: Partido de bases liberais que se opunha ao Partido *Tory* no Reino Unido.

de Brobdingnag considera "a mais perniciosa raça de pequenos e odiosos vermes que a natureza já teve rastejando sobre a superfície da Terra", e a longa passagem no final, denunciando a colonização e a conquista estrangeira, é claramente dirigida à Inglaterra, embora o contrário seja afirmado de forma elaborada. Os holandeses, aliados da Inglaterra e alvo de um dos panfletos mais famosos de Swift, também são atacados de forma mais ou menos arbitrária na Parte III. Há até o que soa como um comentário pessoal na passagem em que Gulliver registra sua satisfação de que os vários países que descobriu não podem ser feitos colônias da Coroa Britânica.

> Quanto aos Houyhnhnms, de fato eles não parecem estar tão bem preparados para enfrentar uma Guerra, Ciência sobre a qual nada sabem, especialmente sobre Armas que obram à distância. Porém, se eu fosse Ministro de Estado, jamais recomendaria que o País deles fosse invadido. (...) Imaginem-se vinte mil deles irrompendo no meio de um Exército Europeu, confundindo os Soldados, derrubando as Carroças, esmagando os Rostos dos Guerreiros com terríveis Coices desferidos com as Patas traseiras[20].

Considerando que Swift não desperdiça palavras, essa frase, "esmagando os Rostos dos Guerreiros com terríveis Coices desferidos com as Patas traseiras", provavelmente indica um desejo secreto de ver os exércitos invencíveis do Duque de Marlborough tratados de maneira semelhante. Há toques parecidos em outros lugares. Até mesmo o país mencionado na Parte III, onde "a Maioria da População consiste em Descobridores, Testemunhas,

---

[20] N.T.: Swift, Jonathan. Viagens de Gulliver. Tradução de Paulo Henriques Britto. São Paulo: Penguin Companhia, 2010. p. 352. Essa é a edição base usada para todas as citações do livro de Swift – a partir de agora, indica--se apenas a página.

Informantes, Acusadores, Promotores, Depoentes e Juradores, juntamente com seus diversos Instrumentos subservientes e subalternos, todos servidores dos Ministros e seus Auxiliares"[21], é chamado de Langdon, que está a uma palavra de ser um anagrama da Inglaterra [England]. (Como as primeiras edições do livro contêm erros de impressão, o nome talvez até tenha sido concebido como um anagrama completo). A repulsa *física* de Swift pela humanidade é certamente real o suficiente, mas se tem a sensação de que seu desmascaramento da grandeza humana, suas diatribes contra lordes, políticos, favoritos da corte etc., tem principalmente uma aplicação local e surge do fato de que ele pertencia à parte fracassada. Ele denuncia a injustiça e a opressão, mas não dá provas de gostar da democracia. Apesar de seus poderes enormemente maiores, sua posição implícita é muito semelhante à dos inúmeros conservadores espertalhões de nossos dias – pessoas como Sir Alan Herbert, professor G. M. Young, lorde Eiton, o Comitê Conservador de Reforma ou a longa linha de apologistas católicos de W. H. Mallock em diante: pessoas que se especializam em contar piadas limpas às custas do que quer que seja "moderno" e "progressista", e cujas opiniões muitas vezes são ainda mais extremas porque sabem que não podem influenciar a verdadeira deriva dos acontecimentos. Afinal, um panfleto como um o "*Um argumento para provar que a extinção do cristianismo na Inglaterra (...)*"[22] etc., é como se "Timothy Shy" tivesse se divertindo um pouco com o programa

---

21 N.T.: p. 248.
22 N.T.: O título completo do texto citado aqui é: *An Argument to Prove that the Abolishing of Christianity in England May, as Things Now Stand Today, be Attended with Some Inconveniences, and Perhaps not Produce Those Many Good Effects Proposed Thereby* [Um argumento para provar que a extinção do cristianismo na Inglaterra pode ser, do jeito que estão as coisas, alcançada com alguns inconvenientes e talvez não produza todos esses efeitos ótimos que se espera]. Se trata de um ensaio satírico de Jonathan Swift, escrito em 1708, para defender a presença do cristianismo, em particular da Igreja Anglicana.

de rádio Brains Trust, ou o padre Ronald Knox tivesse exposto os erros de Bertrand Russell. E a facilidade com que o Swift foi perdoado – e perdoado, às vezes, por crentes devotos – pelas blasfêmias de *Um conto de banheira* demonstra claramente o quanto os sentimentos religiosos são dignos de nota, em comparação com os sentimentos políticos.

Entretanto, o elenco reacionário da Swift não se mostra principalmente em suas filiações políticas. O importante é sua atitude em relação à ciência e, mais amplamente, em relação à curiosidade intelectual. A famosa Academia de Lagado, descrita na Parte III de *As Viagens de Gulliver*, é sem dúvida uma sátira justificada da maioria dos supostos cientistas do próprio tempo de Swift. Significativamente, as pessoas que trabalham nela são descritas como "projetores", ou seja, pessoas não engajadas em pesquisas desinteressadas, mas meramente em busca de engenhocas que economizam mão de obra e tragam dinheiro. Mas não há nenhum sinal – tudo no livro indica muitos sinais opostos – que Swift teria considerado a ciência "pura" como uma atividade que valia a pena. O tipo mais sério de cientista recebeu um pontapé nas calças na Parte II, quando os "estudiosos" patrocinados pelo Rei de Brobdingnag tentam dar conta da pequena estatura de Gulliver.

> Após muita Discussão, concluíram por unanimidade que eu era apenas um Relplum Scalcath, o que significa literalmente Lusus Naturae; uma Determinação perfeitamente conforme a Moderna Filosofia da Europa, cujos Professores, desdenhando a antiga Evasão de Causas ocultas, por meio da qual os seguidores de Aristóteles tentam em vão disfarçar sua Ignorância, inventaram essa maravilhosa Solução de todas as Dificuldades que impedem o indizível Progresso do Saber humano[23].

---
[23] N.T.: p. 160.

Se isso fosse por si só, poderíamos assumir que Swift é meramente o inimigo da ciência charlatã. Em vários lugares, no entanto, ele sai de seu caminho para proclamar a inutilidade de todo aprendizado ou especulação não dirigida a algum fim prático.

> O Saber dessa Gente [os Houyhnhnms] é mui defeituoso, pois consiste apenas em Moralidade, História, Poesia e Matemática, em que certamente se distinguem. Mas toda a sua Matemática é aplicada ao que pode ser útil à Vida, ao Melhoramento da Lavoura e de todas as Artes mecânicas; de modo que entre nós não teria muita consideração. E quanto às Ideias, Entidades, Abstrações e Transcendentais, jamais lhes pude meter nas cabeças a mínima Concepção[24].

Os Houyhnhnms, os seres ideais de Swift, são retrógrados mesmo no sentido mecânico. Eles não conhecem metais, nunca ouviram falar de barcos, não praticam, propriamente falando, a agricultura (nos dizem que a aveia com a qual vivem "cresce naturalmente"), e parecem não ter inventado rodas[25]. Eles não têm alfabeto, e evidentemente não têm muita curiosidade sobre o mundo físico. Eles não acreditam que algum país habitado exista ao lado do seu, e embora eles entendam os movimentos do Sol e da Lua, e a natureza dos eclipses, "este é o maior progresso de sua *astronomia*". Em contraste, os filósofos da ilha voadora de Laputa estão tão continuamente absorvidos em especulações matemáticas que antes de falar com eles é preciso atrair sua atenção, assobiando no ouvido deles com uma bexiga. Eles catalogaram dez mil estrelas fixas, estabeleceram os períodos de noventa e três cometas, e descobriram, antes dos astrônomos da Europa,

---

24 N.T.: p. 193.
25 Nota do autor: Houyhnhnms muito velhos para andar são descritos como sendo transportados em "trenós" ou em "um tipo de veículo, desenhado como um marreta". Presumivelmente, eles não tinham rodas.

que Marte tem duas luas – todas informações que Swift considera evidentemente ridículas, inúteis e desinteressantes. Como era de se esperar, ele acredita que o lugar do cientista, se é que ele tem um lugar, é no laboratório, e que o conhecimento científico não tem nenhuma relação com questões políticas.

> Contudo, o que mais Admiração me causava, e mais inexplicável me parecia, era o forte Interesse que neles observava por Notícias e Política, sempre a indagar a respeito da Coisa Pública, expressar Juízos sobre questões de Estado e discutir apaixonadamente os mais pequenos Pormenores da Posição de um Partido. De fato, tenho observado a mesma Disposição na maioria dos Matemáticos que conheci na Europa, embora jamais conseguisse descobrir nenhuma Analogia entre as duas Ciências, a não ser que essas pessoas imaginem que, como o menor Círculo tem tantos Graus quanto o maior, por conseguinte a Regulação e Administração do mundo não requerem mais Capacidades que o Manejo de um Globo[26].

Não há algo familiar nesta frase: "embora jamais conseguisse descobrir nenhuma Analogia entre as duas Ciências"? Tem precisamente a nota dos apologistas católicos populares que professam ficar espantados quando um cientista profere uma opinião sobre questões como a existência de Deus ou a imortalidade da alma. O cientista, nos dizem, é um especialista apenas em um campo restrito: por que suas opiniões devem ter valor em qualquer outro? A implicação é que a teologia é tanto uma ciência exata quanto, por exemplo, a química, e que o padre também é um especialista cujas conclusões sobre certos assuntos devem ser aceitas. Swift faz a mesma reivindicação para o político, mas vai ainda mais longe ao não permitir que os cientistas – nem o

---

[26] N.T.: p. 221.

cientista "puro", nem o investigador *ad hoc* – sejam úteis em suas próprias linhas. Mesmo que ele não tivesse escrito a Parte III de *As Viagens de Gulliver*, pode-se inferir do resto do livro que, como Tolstói e Blake, ele odeia a própria ideia de estudar os processos da natureza. A "razão" que ele tanto admira nos Houyhnms não significa principalmente o poder de desenhar inferências lógicas a partir de fatos observados. Embora ele nunca a defina, na maioria dos contextos parece significar ou senso comum – ou seja, aceitação do óbvio e desprezo por trivialidades e abstrações – ou ausência de paixão e superstição. Em geral, ele assume que já sabemos tudo o que precisamos saber, e simplesmente usamos nosso conhecimento de forma incorreta. A medicina, por exemplo, é uma ciência inútil, porque se vivêssemos de uma forma mais natural, não haveria doenças. Swift, no entanto, não é um defensor da vida simples ou um admirador do Nobre Selvagem. Ele é a favor da civilização e das artes da civilização. Ele não só vê o valor das boas maneiras, das boas conversas e até do aprendizado de um tipo literário e histórico, ele também vê que a agricultura, a navegação e a arquitetura precisam ser estudadas e poderiam ser melhoradas para gerarem mais benefícios. Mas seu objetivo implícito é uma civilização estática, curiosa – o mundo de sua própria época, um pouco mais limpo, um pouco mais são, sem mudanças radicais e sem penetrar no incognoscível. Mais do que se poderia esperar em qualquer pessoa tão livre de falácias aceitas, ele reverencia o passado, especialmente a antiguidade clássica, e acredita que o homem moderno degenerou bruscamente durante os últimos cem anos[27]. Na ilha dos feiticeiros, onde os espíritos dos mortos podem ser chamados à vontade.

---

[27] Nota do autor: A decadência física que Swift afirma ter observado pode ter sido uma realidade naquela data. Ele a atribui à sífilis, que era uma nova doença na Europa e pode ter sido mais virulenta do que é agora. As bebidas destiladas, também, foram uma novidade no século XVII e devem ter levado inicialmente a um grande aumento da embriaguez.

> Desejei que o Senado Romano aparecesse diante de mim numa grande Câmara, e um Representante moderno, em Contraposição, noutra. A Primeira parecia uma Assembleia de Heróis e Semideuses; a outra, um Ajuntamento de Bufarinheiros, Ladrões, Salteadores e Valentões[28].

Embora Swift use essa seção da Parte III para atacar a veracidade da história registrada, seu espírito crítico o abandona tão logo ele esteja lidando com gregos e romanos. Ele comenta, é claro, sobre a corrupção da Roma imperial, mas ele tem uma admiração quase irracional por algumas das principais figuras do mundo antigo.

> Senti uma profunda Veneração diante de Bruto, em quem discerni com facilidade a mais consumada Virtude, a maior Intrepidez, e firmeza de Espírito, e Amor sincero à sua Pátria, e Benevolência por toda a Humanidade em cada Traço de sua Fisionomia. (...) Tive a Honra de ter muitas conversas com Bruto; e foi-me dito que seus Ancestrais Júnio, Sócrates, Epaminondas, Catão, o Jovem, Sir Thomas More e ele próprio estavam constantemente juntos: um Sextumvirato a que nem todas as Eras do Mundo poderão acrescentar um Sétimo[29].

Note-se que, dessas seis pessoas, apenas uma é cristã. Esse é um ponto importante. Se somarmos o pessimismo de Swift, sua reverência ao passado, sua falta de curiosidade e seu horror ao corpo humano, chegamos a uma atitude comum entre os reacionários religiosos – ou seja, pessoas que defendem uma ordem injusta da Sociedade, afirmando que esse

---

[28] N.T.: p. 253.
[29] N.T.: p. 253.

mundo não pode ser substancialmente melhorado e que só o "próximo mundo" importa. Entretanto, Swift não mostra sinais de ter qualquer crença religiosa, ao menos não no sentido mais comum da palavra. Ele não parece acreditar seriamente na vida após a morte, e sua ideia de bondade está ligada a republicanismo, amor à liberdade, coragem, "benevolência" (significado na verdade espírito público), "razão" e outras qualidades pagãs. Isso faz lembrar que existe uma outra tensão em Swift, não muito congruente com sua descrença no progresso e seu ódio geral à humanidade.

Para começar, ele tem momentos em que é "construtivo" e até "avançado". Ser ocasionalmente inconsistente é quase uma marca de vitalidade nos livros utópicos, e Swift às vezes insere uma palavra de louvor em uma passagem que deveria ser puramente satírica. Assim, suas ideias sobre a educação dos jovens são transmitidas aos liliputianos, que têm muito a mesma visão sobre esse assunto que os Houyhnms. Os liliputianos também têm várias instituições sociais e jurídicas (por exemplo, existem pensões de velhice, e as pessoas são recompensadas por manter a lei, bem como punidas por violá-la) que Swift teria gostado de ver prevalecer em seu próprio país. No meio desta passagem, Swift lembra-se de sua intenção satírica e acrescenta: "Ao relatar essas Leis e as que se seguem, bem entendido, refiro-me apenas às Instituições originais, e não às mais escandalosas Corrupções a que essa Gente foi levada pela Natureza degenerada do Homem"[30], mas como Lilliput deve representar a Inglaterra, e as leis das quais ele está falando nunca tiveram seu paralelo no país, é claro que o impulso para fazer sugestões construtivas tem sido demais para ele. Mas a maior contribuição de Swift ao pensamento político no sentido mais restrito das palavras é seu ataque, especialmente na Parte III, ao que agora seria chamado de totalitarismo.

---

30 N.T.: p. 114.

Ele tem uma previsão extraordinariamente clara do "Estado policial", com suas intermináveis caçadas pela heresia e julgamentos por traição, tudo realmente destinado a neutralizar o descontentamento popular, transformando-o em histeria de guerra. E é preciso lembrar que o Swift está aqui inferindo o todo de uma parte bastante pequena, pois os governos débeis de seu próprio tempo não lhe deram ilustrações prontas. Por exemplo, há o professor da Escola de Projetores Políticos que "me mostrou um grande Documento de Instruções para descobrir Complôs e Conspirações", e que afirmou que se pode encontrar os pensamentos secretos das pessoas examinando seus excrementos.

> Pois os Homens nunca são tão sérios, pensativos e determinados quanto o são no momento de defecar, o que ele havia descoberto por meio de um Experimento frequente: pois quando em tais Conjunturas ele se propunha, apenas por Exercício, a pensar em qual seria a melhor maneira de assassinar o Rei, suas Fezes adquiriam uma Tonalidade esverdeada, porém outra mui diferente quando pensava apenas em fomentar uma Revolta ou incendiar a Metrópole[31].

Diz-se que Swift teve inspiração para a personagem do professor e sua teoria pelo fato – do nosso ponto de vista – não particularmente surpreendente ou nojento que, num recente julgamento do Estado, algumas cartas encontradas na privada de alguém tenham sido usadas como evidências. Mais tarde, no mesmo capítulo, parecemos estar positivamente no meio dos Grandes Expurgos Russos.

> Disse-lhe eu que no Reino de Tribnia, que os nativos chamam de Langden, (...) a Maioria da População consiste em

---

[31] N.T.: p. 248.

Descobridores, Testemunhas, Informantes, Acusadores, Promotores, Depoentes e Juradores. (...) Primeiro decide-se entre eles quais os Suspeitos que serão acusados de uma Conspiração: então toma-se o Cuidado de obter todas as suas Cartas e Papéis e agrilhoar os Criminosos. Esses Papéis são entregues a Artífices mui hábeis em descobrir os Significados misteriosos de Palavras, Sílabas e Letras. (...) Quando fracassa esse Método, dispõem eles de dois outros mais eficazes, que os Doutos entre eles chamam de Acrósticos e Anagramas. Primeiro deciframa todas as Iniciais em Significados políticos. Assim, N significa uma Conspiração, B um Regimento ou um Cavalo, L uma Frota no Mar. Ou então, transpondo as Letras do Alfabeto em qualquer Papel suspeito, conseguem descobrir os Propósitos mais profundos de um Partido descontente. Assim, por exemplo, se numa Carta a um Amigo eu digo, *Our Brother* Tom *has just got the Piles* [Nosso irmão Tom está sofrendo de hemorroidas], um bom Decifrador descobre que as mesmas Letras que formam esta Frase podem também formar as Palavras seguintes: *Resist, a Plot is brought Home, The Tour* [Resiste, uma conspiração se cumpre, The Tour]. E é este o método do Anagrama[32].

Outros professores da mesma escola inventam línguas simplificadas, escrevem livros por máquinas, educam seus alunos inscrevendo a lição em uma pastilha e fazendo-os engoli-la, ou propõem abolir totalmente a individualidade cortando parte do cérebro de um homem e enxertando-a na cabeça de outro. Há algo estranhamente familiar na atmosfera desses capítulos, porque, misturado com muita tolice, há a percepção de que um dos objetivos do totalitarismo não é meramente assegurar que as pessoas pensem corretamente, mas na verdade torná-las

---

[32] N.T.: p. 148-149.

menos conscientes disso. Então, novamente, o relato de Swift sobre o Líder que normalmente é encontrado governando sobre uma tribo de Yahoos, e do "favorito" que age primeiro como um trabalhador sujo e depois como um bode expiatório, se encaixa notavelmente bem no padrão de nossos próprios tempos. Mas será que devemos inferir de tudo isso que o Swift era antes de tudo um inimigo da tirania e um campeão da liberdade de pensamento? Não: seus próprios pontos de vista, até onde se pode discerni-los, não são marcadamente liberais. Sem dúvida, ele odeia senhores, reis, bispos, generais, damas de moda, ordens, títulos e flâmulas em geral, mas não parece pensar melhor no povo comum do que em seus governantes, ou ser a favor de uma maior igualdade social, ou ser entusiasta de instituições representativas. Os Houyhnhnms estão organizados numa espécie de sistema de castas de caráter racial, sendo os cavalos que fazem o trabalho de homens de cores diferentes de seus mestres e não se cruzam com eles. O sistema educacional que Swift admira nos liliputianos toma como certas as distinções de classe hereditárias, e as crianças das classes mais pobres não vão à escola, porque "seu negócio é apenas cuidar e cultivar a Terra... portanto sua educação é de pouca importância pública". Nem parece ter sido fortemente a favor da liberdade de expressão e da imprensa, apesar da tolerância que seus próprios escritos gozavam. O Rei de Brobdingnag está surpreso com a multiplicidade de seitas religiosas e políticas na Inglaterra, e considera que aqueles que têm "opiniões prejudiciais ao público" (no contexto, isso parece significar simplesmente opiniões heréticas), embora não precisem ser obrigados a mudá-las, deveriam ser obrigados a ocultá-las: pois "como em tirania que qualquer governo exigisse a primeira, era a fraqueza não impor a segunda". Há uma indicação mais sutil da própria atitude de Swift na maneira como Gulliver deixa a terra dos Houyhnhnms. Eventualmente, pelo menos. Swift era uma espécie de anarquista, e a Parte IV de *As viagens de Gulliver* é um retrato de uma sociedade anarquista, não governada pela lei no sentido comum, mas pelos ditames da "razão", que são aceitos voluntariamente por todos. A Assembleia Geral da Houyhnhnms "exorta" o mestre de Gulliver a se livrar dele, e seus vizinhos o pressionam para que ele cumpra a decisão. Duas razões são dadas. Uma é que a presença desse incomum Yahoo pode perturbar o resto da tribo, e a outra é que uma relação amigável entre um Houyhnhnm e um Yahoo "não é agradável à razão ou à natureza, ou a uma coisa jamais ocorrida antes entre eles". O mestre de Gulliver não está de certa forma disposto a obedecer, mas a "exortação" (um Houyhnhnm, nos dizem, nunca é *compelido* a fazer nada, ele é meramente "exortado" ou "aconselhado") não pode ser desconsiderada. Isso ilustra muito bem a tendência totalitária que está explícita na visão anarquista ou pacifista da sociedade. Em uma Sociedade na qual não há lei e, em teoria, não há compulsão, o único árbitro do comportamento é a opinião pública. Mas a opinião pública, devido ao tremendo desejo de conformidade em animais gregários, é menos tolerante do que qualquer sistema de lei. Quando o ser humano é governado por "não deve", o indivíduo pode praticar uma certa excentricidade: quando supostamente é governado por "amor" ou "razão", ele está sob pressão contínua para fazê-lo comportar-se e pensar exatamente da mesma forma que todos os outros. Os Houyhnhnms, dizem-nos, foram unânimes em quase todos os assuntos. A única questão que eles sempre se levantaram foi como lidar com os Yahoos. Caso contrário, não haveria espaço para discordâncias entre eles, porque a verdade ou é sempre evidente por si mesma, ou então é indiscutível e sem importância. Eles aparentemente não tinham uma palavra para "opinião" em sua língua, e em suas conversas não havia "diferença de sentimentos". Eles tinham atingido, de fato, o estágio mais alto da organização totalitária, o estágio em que a conformidade se tornou tão geral que não há necessidade de uma força policial. Swift aprova esse tipo de coisa porque, entre seus muitos dons, nem a curiosidade nem a boa natureza foram incluídos. A discordância sempre lhe pareceria pura perversidade. "A razão", entre os Houyhnhnms, ele diz, "não é um ponto problemático, como conosco, onde os homens podem discutir com Plausibilidade em ambos os lados de uma Pergunta; mas atinge-o com Convicção imediata; como deve fazer, onde não é misturado, obscurecido, ou descolorido pela paixão e interesse". Em outras palavras, nós já sabemos tudo, então por que as opiniões dissidentes devem ser toleradas? A Sociedade totalitária dos Houyhnms, onde não pode haver liberdade nem desenvolvimento, decorre naturalmente disso.

Temos razão em pensar em Swift como um rebelde e iconoclasta, mas exceto em certos assuntos secundários, como sua insistência em que as mulheres devem receber a mesma educação que os homens, ele não pode ser rotulado como sendo de "esquerda". Ele é um anarquista conservador, desprezando a autoridade enquanto não acredita na liberdade, e preservando a visão aristocrática enquanto vê claramente que a aristocracia existente é degenerada e desprezível. Quando Swift profere uma de suas diatribes características contra os ricos e poderosos, é provável, como eu disse anteriormente, que se tenha de escrever algo pelo fato de que ele próprio pertenceu ao partido menos bem sucedido, e ficou pessoalmente desapontado. Os "*outs*", por razões óbvias, são sempre mais radicais do que os "*ins*". Mas o mais essencial em Swift é sua incapacidade de acreditar que a vida ordinária na terra sólida, e não alguma versão racionalizada e desodorizada da mesma, poderia valer a pena. É claro que nenhuma pessoa honesta afirma que a felicidade *agora* é uma condição normal entre os seres humanos adultos; mas talvez ela *poderia* ser normalizada, e é sobre essa questão que toda controvérsia política séria realmente se transforma. Swift tem muito em comum – mais, creio eu, do que tem sido percebido – com Tolstói, outro incrédulo na possibilidade de felicidade. Ambos os homens têm a mesma perspectiva anárquica cobrindo um elenco autoritário; em ambos uma hostilidade semelhante à ciência, a mesma impaciência com os adversários, a mesma incapacidade de ver a importância de qualquer questão não interessante para si mesmo; e em ambos os casos uma espécie de horror ao processo real da vida, embora no caso de Tolstói tenha chegado mais tarde e de uma maneira diferente. A infelicidade sexual dos dois homens não era do mesmo tipo, mas também tinham isso em comum – em ambos, uma sincera aversão estava misturada com um fascínio mórbido. Tolstói era um ancinho reformado que terminou pregando o celibato completo, enquanto continuava a praticar o oposto até a velhice extrema. Swift era presumivelmente impotente, e tinha um horror exagerado ao esterco humano: ele também pensava nisso incessantemente, como é evidente em todas as suas obras. É pouco provável que tais pessoas gozem até mesmo da pequena quantidade de felicidade que cai sobre a maioria dos seres humanos e, por motivos óbvios, é pouco provável que admitam que a vida terrena seja capaz de muitas melhorias. Sua falta de curiosidade, e portanto sua intolerância, brotam da mesma raiz[33].

O desgosto, o rancor e o pessimismo de Swift fariam sentido no contexto de um "próximo mundo" do qual este é o prelúdio. Como ele não parece acreditar seriamente em nada disso, torna-se necessário construir um paraíso supostamente existente na

---

[33] Nota do autor: No final do livro, como espécimes típicos da loucura e maldade humana, Swift nomeia "um advogado, um ladrão, um coronel, um tolo, um senhor, um brincalhão, um político, um chefe de cavalo, um médico, um vidente, um subordinado, um procurador, um traidor, ou algo semelhante". Vê-se aqui a violência irresponsável dos impotentes. A lista reúne aqueles que quebram o código convencional, e aqueles que o mantêm. Por exemplo, se você condena automaticamente um coronel, como tal, com que fundamento condena um traidor? Ou ainda, se você quiser suprimir os ladrões, você deve ter leis, o que significa que você precisa ter advogados. Mas toda a passagem final, na qual o ódio é tão autêntico, e a razão dada para isso tão inadequada, é de alguma forma pouco convincente. Temos a sensação de que a animosidade pessoal está em ação.

superfície da Terra, mas algo bem diferente de tudo o que sabemos, com tudo o que ele desaprova – moscas, loucuras, mudanças, entusiasmo, prazer, amor e sujeira – eliminado dele. Como seu ser ideal, ele escolhe o cavalo, um animal cujos excrementos não são ofensivos. Os Houyhnhnms são animais monótonos – isso é tão geralmente admitido que não vale a pena trabalhar. A genialidade de Swift pode torná-los críveis, mas pode ter havido muito poucos leitores em quem eles tenham excitado qualquer sentimento além do desgosto. E isso não é por vaidade ferida ao ver animais preferidos aos homens; pois, dos dois, os Houyhnhnms são muito mais parecidos com os seres humanos do que os Yahoos, e o horror de Gulliver aos Yahoos, juntamente com o reconhecimento de que eles são o mesmo tipo de criatura que ele, contém um absurdo lógico. Esse horror se abate sobre ele logo na primeira vez que os vê. "Eu nunca vi", diz ele, "em todas as minhas viagens, um animal tão desagradável, nem um contra o qual eu naturalmente concebi uma antipatia tão forte". Mas em comparação a que os Yahoos são repugnantes? Não com os Houyhnhnms, porque nesse momento Gulliver não viu um Houyhnhnms. Só pode ser em comparação com ele mesmo, ou seja, com um ser humano. Mais tarde, no entanto, devemos ser informados que os Yahoos *são* seres humanos, e a sociedade humana se torna insuportável para Gulliver, porque todos os homens são Yahoos. Nesse caso, por que ele não concebeu sua repugnância pela humanidade antes? Com efeito, nos dizem que os Yahoos são fantasticamente diferentes dos homens, e ainda assim são os mesmos. Swift se sobrepôs em sua fúria e está gritando a seus semelhantes: "Você é mais imundo do que você!" Entretanto, é impossível sentir muita simpatia pelos Yahoos, e não é por eles oprimirem os Yahoos que os Houyhnhnms não são atraentes. Eles são pouco atraentes porque a "razão" pela qual eles são governados é realmente um desejo de morte. Eles estão isentos de amor, amizade, curiosidade, medo, tristeza – exceto pelos seus sentimentos em relação aos Yahoos, que ocupam o mesmo lugar em sua comunidade que os judeus na Alemanha nazista –, raiva e ódio. "Eles não têm afeição por seus potros ou seus pais, mas o cuidado que eles têm, ao educá-los, procede inteiramente das ditaduras da RAZÃO". Eles são guiados pela "amizade" e "benevolência", mas "elas não estão confinadas a objetos particulares, mas são universais a toda a raça". Eles também valorizam a conversa, mas em suas conversas não há diferenças de opinião, e "nada passou além do que foi útil, expresso nas poucas e mais significativas Palavras". Eles praticam um rígido controle de natalidade: cada casal produz dois descendentes e depois se abstém de relações sexuais. Seus casamentos são organizados para eles pelos mais velhos, sobre princípios eugênicos, e sua linguagem não contém nenhuma palavra para "amor", no sentido sexual. Quando alguém morre, eles prosseguem exatamente como antes, sem sentir nenhum pesar. Vê-se que seu objetivo é ser o mais parecido possível com um cadáver, mantendo a vida física. Uma ou duas de suas características, é verdade, não parecem ser estritamente "razoáveis" em seu próprio uso da palavra. Assim, eles dão grande valor não apenas à dureza física, mas ao atletismo, e são devotos da poesia. Mas essas exceções podem ser menos arbitrárias do que parecem. Swift provavelmente enfatiza a força física dos Houyhnhnms a fim de deixar claro que eles nunca poderiam ser conquistados pela odiada raça humana, enquanto o gosto pela poesia pode figurar entre suas qualidades porque a poesia parecia a Swift como a antítese da ciência, do seu ponto de vista a mais inútil de todas as perseguições. Na Parte III, ele nomeia "imaginação, fantasia e invenção" como as faculdades desejáveis nas quais os matemáticos laputanos (apesar de seu amor pela música) estavam totalmente carentes. É preciso lembrar que, embora Swift fosse um admirável escritor de versos cômicos, o tipo de poesia que ele achava valiosa provavelmente seria a poesia didática. A poesia dos Houyhnhnms, diz ele.

Na Poesia, há que reconhecer que eles excedem todos os outros Mortais; pois a Exatidão de seus Símiles, e a Delicadeza e a Precisão de suas Descrições, são de fato inimitáveis. Em seus Versos são abundantes essas duas coisas, e normalmente também ocorrem Exaltações à Amizade e à Benevolência, o Elogio dos Vencedores das Corridas e de outros Exercícios corpóreos[34].

Infelizmente, nem mesmo o gênio de Swift foi o suficiente para produzir um espécime pelo qual pudéssemos julgar a poesia dos Houyhnhnms. Mas soa como se fosse uma coisa fria (em versos heroicos, presumivelmente), e não em sério conflito com os princípios da "Razão".

A felicidade é notoriamente difícil de descrever, e as imagens de uma sociedade justa e bem ordenada raramente são atraentes ou convincentes. A maioria dos criadores de utopias "favoráveis", entretanto, estão preocupados em mostrar como poderia ser a vida se fosse vivida mais plenamente. A rapidez defende uma simples recusa da vida, justificando-a com a afirmação de que a "razão" consiste em frustrar seus instintos. Os Houyhnhnms, criaturas sem história, continuam a viver com prudência geração após geração, mantendo sua população exatamente no mesmo nível, evitando toda paixão, não sofrendo de doenças, encontrando a morte indiferentemente, treinando seus jovens nos mesmos princípios - e todos para quê? A fim de que o mesmo processo possa continuar para sempre. As noções de que a vida aqui e agora vale a pena ser vivida, ou de que poderia valer a pena, ou de que deve ser sacrificada por algum bem futuro, estão todas ausentes. O mundo monótono dos Houyhnhnms era tão bom quanto uma utopia que Swift poderia construir, garantindo que ele não acreditava em um

---

[34] N.T.: p. 331.

"próximo mundo" nem podia obter qualquer prazer de certas atividades normais. Mas não é realmente criado como algo desejável em si mesmo, mas como a justificativa para outro ataque à humanidade. O objetivo, como sempre, é humilhar o homem, lembrando-o que ele é fraco e ridículo e, acima de tudo, que ele fede; e o motivo final, provavelmente, é uma espécie de inveja, a inveja do fantasma pelos vivos, do homem que sabe que não pode ser feliz pelos outros, que - assim ele teme - podem ser um pouco mais felizes do que ele mesmo. A expressão política de tal perspectiva deve ser reacionária ou niilista, porque a pessoa que a mantém quererá impedir que a sociedade se desenvolva em alguma direção na qual seu pessimismo possa ser enganado. Isso pode ser feito ou explodindo tudo em pedaços, ou evitando mudanças sociais. Swift acabou explodindo tudo de uma forma que só era viável antes da bomba atômica - isto é, ele enlouqueceu - mas, como tentei mostrar, seus objetivos políticos estavam em todos os objetivos reacionários.

Pelo que escrevi, pode parecer que sou *contrário* a Swift, e que meu objetivo é refutá-lo e até mesmo depreciá-lo. No sentido político e moral, estou contra ele, ao menos a maneira com a qual o entendo. Contudo, curiosamente, ele é um dos escritores que admiro com menos reservas, e *As viagens de Gulliver*, em particular, é um livro do qual eu não me canso. Li pela primeira vez quando eu tinha oito anos – um dia antes de fazer oito, para ser exato, pois roubei e li furtivamente a cópia que me seria entregue no dia seguinte, no meu oitavo aniversário – e certamente não o li menos de meia dúzia de vezes desde então. Seu fascínio parece inesgotável. Se eu tivesse que fazer uma lista de seis livros que deveriam ser preservados quando todos os outros fossem destruídos, certamente colocaria *As viagens de Gulliver* entre eles. Isso levanta a questão: qual é a relação entre a concordância com as opiniões de um escritor, e o prazer de sua obra?

Se alguém é capaz de desapego intelectual, pode-se *perceber* o mérito em um escritor com quem se discorda profundamente, mas *desfrutar* é um assunto diferente. Supondo que exista uma coisa como arte boa ou ruim, então a bondade ou a maldade deve residir na obra de arte em si – não independentemente do observador, de fato, mas independentemente do humor do observador. Em certo sentido, portanto, não pode ser verdade que um poema seja bom na segunda-feira e ruim na terça-feira. Mas se alguém julgar o poema pela apreciação que ele desperta, então certamente pode ser verdade, porque apreciação, ou gozo, é uma condição subjetiva que não pode ser ordenada. Mesmo a pessoa mais culta não tem sentimentos estéticos na maior parte do seu tempo acordado, e o poder de ter sentimentos estéticos é muito facilmente destruído. Quando você está assustado, ou com fome, ou sofre de dor de dentes ou de enjoo do mar, Rei Lear pode não ser melhor que Peter Pan. Você pode saber intelectualmente que é melhor, mas isso é simplesmente um fato do qual você se lembra: você não *sentirá* o mérito do Rei Lear até que esteja bem novamente. E o julgamento estético pode ser perturbado de forma desastrosa – ainda mais desastrosa, porque a causa é mais difícil de reconhecer – pela discordância política ou moral. Se um livro o irrita, fere ou alarma, então você não vai gostar dele, quaisquer que sejam seus méritos. Se lhe parece um livro realmente pernicioso, susceptível de influenciar outras pessoas de alguma forma indesejável, então você provavelmente construirá uma teoria estética para mostrar que não tem méritos. A crítica literária atual consiste, em grande parte, nesse tipo de esquivamento entre dois conjuntos de padrões. E, ainda assim, o processo oposto também pode acontecer: o gozo pode superar a desaprovação, mesmo que se reconheça claramente que se está desfrutando de algo hostil. A rapidez, cuja visão do mundo é tão peculiarmente inaceitável, mas que, apesar disso, é um escritor extremamente popular, é um bom exemplo disso. Por que não nos importamos de ser chamados de Yahoos, embora estejamos firmemente convencidos de que *não* somos Yahoos?

Não basta dar a resposta usual de que, é claro, Swift estava errado, na verdade era louco, mas ele era "um bom escritor". É verdade que a qualidade literária de um livro é, em certa medida, separável de seu objeto. Algumas pessoas têm um dom nativo para usar palavras, como algumas pessoas têm um "bom olho" para os jogos. É em grande parte uma questão de tempo e de saber instintivamente o quanto de ênfase se deve usar. Como um exemplo próximo, olhe para a passagem que citei anteriormente, começando por "No Reino de Tribnia, pelos nativos chamados Langdon". Ela deriva muito de sua força a partir da frase final: "E este é o método feito pelo anagrama". Estritamente falando, esta frase é desnecessária, pois já vimos o anagrama descriptografado, mas a repetição solene do anagrama, na qual parece ouvir a própria voz de Swift pronunciando as palavras, leva para casa a idiotice das atividades descritas, como o toque final a um prego. Mas nem todo o poder e simplicidade da prosa de Swift, nem o esforço imaginativo que foi capaz de tornar não um, mas toda uma série de mundos impossíveis mais confiáveis do que a maioria dos livros de história – nenhum deles nos permitiria desfrutar de Swift se sua visão de mundo fosse verdadeiramente ferida ou chocante. Milhões de pessoas, em muitos países, devem ter desfrutado d'*As Viagens de Gulliver* enquanto viam em parte suas implicações anti-humanas: e até mesmo a criança que aceita as Partes I e II como uma simples história tem um sentimento de absurdo ao pensar em seres humanos com seis polegadas de altura. A explicação deve ser que a visão de mundo da Swift é percebida como *não* sendo totalmente falsa – ou, provavelmente seria mais preciso dizer, não falsa o tempo todo. Swift é um escritor enfermo. Ele está permanentemente deprimido, o que na maioria das pessoas é apenas intermitente, como se alguém que sofre de icterícia ou de efeitos posteriores da gripe devesse ter energia para escrever livros. Mas todos nós conhecemos esse humor, e algo em nós responde à expressão do mesmo. Tomemos, por exemplo, uma de suas obras mais características, *O Vestiário da Dama*: pode-se acrescentar o poema parecido, "Sobre uma linda ninfa jovem indo para a cama". O que é mais verdadeiro, o ponto de vista expresso nesses poemas, ou o ponto de vista implícito na frase de Blake, "A forma humana feminina nua divina"? Sem dúvida Blake, está mais perto da verdade, e ainda assim quem pode deixar de sentir uma espécie de prazer ao ver que a fraude, a delicadeza feminina, explodiu por uma vez?

Swift falsifica sua imagem de mundo ao se recusar a ver qualquer coisa na vida humana, exceto sujeira, loucura e maldade, mas a parte que ele abstrai do todo existe, e é algo que todos nós sabemos quando esquecemos de mencionar. Parte da nossa mente – em qualquer pessoa normal se trata da parte dominante – acredita que o homem é um animal nobre e que vale a pena viver a vida: mas há também uma espécie de eu interior que, pelo menos ocasionalmente, fica chocado com o horror da existência. Da maneira mais estranha, prazer e repugnância estão ligados entre si. O corpo humano é belo: é também repulsivo e ridículo, fato que pode ser verificado em qualquer piscina. Os órgãos sexuais são objetos de desejo e também de repulsa, tanto que em muitas línguas, se não em todas, seus nomes são usados como palavras de abuso. A carne é deliciosa, mas um açougue nos faz sentir mal: e, de fato, toda a nossa comida brota, em última análise, do esterco e dos cadáveres, as duas coisas que de todas as outras nos parecem as mais horríveis. Uma criança, quando passa da fase infantil, mas ainda olha o mundo com olhos frescos, é movida pelo horror quase tantas vezes quanto pela admiração – pelo horror de ranho e saliva, dos excrementos dos cães no pavimento, do sapo moribundo cheio de larvas, do cheiro suado dos adultos, dos homens velhos e ridículos, com suas cabeças carecas e narizes bulbosos. Em sua incessante tormenta sobre doenças, sujeira e deformidade, Swift não está na verdade inventando nada, ele está meramente deixando algo de fora. O comportamento humano também, especialmente na política, é como ele o descreve, embora contenha outros fatores mais importantes que ele se recusa a admitir. Até onde podemos ver, tanto o horror quanto a dor são necessários para a continuidade da vida neste planeta, e por isso está aberto para que pessimistas como Swift digam: "Se o horror e a dor devem estar sempre conosco, como a vida pode ser significativamente melhorada?". Sua atitude é, de fato, a atitude cristã, menos o suborno de um "próximo mundo" – o que, no entanto, provavelmente tem menos força na mente dos crentes do que a convicção de que este mundo é um vale de lágrimas e o túmulo, um lugar de descanso. É, tenho certeza, uma atitude errada, que poderia ter efeitos nocivos sobre o comportamento; mas algo em nós responde a isso, pois responde às palavras sombrias do serviço funerário e ao cheiro adocicado de cadáveres em uma igreja do campo.

Com frequência se argumenta, pelo menos por pessoas que admitem a importância do assunto, que um livro não pode ser "bom" se expressar uma visão consideravelmente falsa da vida. Dizem-nos que em nossa época, por exemplo, qualquer livro que tenha mérito literário genuíno também terá uma tendência mais ou menos "progressiva". Isso ignora o fato de que, ao longo da história, uma luta semelhante entre progresso e reação tem sido travada, e que os melhores livros de qualquer época sempre foram escritos a partir de vários pontos de vista diferentes, alguns deles consideravelmente mais falsos do que outros. Na medida em que um escritor é um propagandista, o máximo que se pode lhe pedir é que acredite genuinamente no que está dizendo, e que isso não seja algo intensamente bobo. Hoje, por exemplo, pode-se imaginar um bom livro sendo escrito por um católico, um comunista, um fascista, um pacifista, um anarquista, talvez por um liberal de estilo antigo ou um conservador

---

[35] N.T.: Seguidores de Frank Buchman, um luterano americano que tentou criar uma nova ordem depois da Primeira Guerra Mundial.

comum: não se pode imaginar um bom livro sendo escrito por um espiritualista, um bucamanista[35] ou um membro da Ku-Klux-Klan. Os pontos de vista que um escritor defende devem ser compatíveis com a sanidade, no sentido médico, e com o poder do pensamento contínuo: além disso, o que lhe pedimos é talento, que provavelmente é outro nome para convicção. Swift não possuía a sabedoria comum, mas possuía uma terrível intensidade de visão, capaz de escolher uma única verdade oculta e depois ampliá-la e distorcê-la. A durabilidade de *As viagens de Gulliver* mostra que, se a força da crença está por trás dela, uma visão de mundo que só passa no teste da sanidade é suficiente para produzir uma grande obra de arte.

George Orwell

organização e tradução:
Gisele Eberspächer

na livraria
com Orwell

ensaios sobre livros,
literatura e escrita

na livraria com Orwell

ensaios sobre livros, literatura e escrita

George Orwell

organização e tradução: Gisele Eberspächer

Confissões de uma tradutora

posfácio

Em um apartamento barulhento e meio gelado, repleto de livros e xícaras de chá por lavar na pia, uma mulher com o cabelo bagunçado senta-se em uma escrivaninha não tão firme, tentando encontrar espaço para os dicionários, os livros e o celular que tende a distraí-la. Ela é uma mulher de 30 e poucos anos, com dores nos ombros e no pescoço de tanto digitar, uma miopia considerável e uma cara um tanto pálida de quem fica demais naquela posição. Que tomou emprestado título e primeiro parágrafo de um texto de Orwell, que acabou de traduzir. Desnecessário dizer que ela é tradutora.

No ensaio *Confissões de um crítico literário*, Orwell cria todo esse cenário para criticar a crítica literária – e todos os problemas que a profissão encontrava então, dos quais muitos continuam sendo verdadeiros. O ponto central é a clara distinção de qualidade entre uma resenha passional, escrita por uma pessoa envolvida pela leitura de determinada obra (para o bem ou para o mal), e uma resenha escrita em busca de preencher caracteres, por alguém sem afinidade nenhuma com o tema além do contato do editor. Necessário dizer, porém, que a masculinidade preponderante está ultrapassada (se é que já não estava naquela época).

Em seu ensaio *Por que eu escrevo*, Orwell afirma que o assunto de uma determinada obra "será determinado pela época em que vive" seu autor – e afirma que isso é particularmente "verdade em épocas tumultuadas e revolucionárias como a nossa". É fácil ver como os tempos em que Orwell viveu marcaram sua obra: de 1903 a 1950, ele viu duas grandes guerras acontecerem, além de vários outros conflitos políticos e inseguranças quanto aos novos regimes e governos que se formavam pelo mundo. O ensaio é uma declaração de sua não isenção. E esse não é o único tema que pode nos soar extremamente familiar em sua obra mesmo setenta anos depois da morte do autor.

Refletir sobre o mundo em ebulição é claramente uma das suas maiores motivações. Isso perpassa seus livros de ficção, mas fica muito explícito em seus ensaios e obras de não ficção, publicados em jornais ou revistas em seu tempo e em coletâneas posteriormente. Seu primeiro ensaio publicado, *The Spike*, narra suas experiências morando por algum tempo em uma das regiões mais pobres de Londres (presente na coletânea *Na pior em Paris e Londres*). Depois disso, chegou a publicar mais de 500 artigos em revistas e jornais.

Para essa antologia de ensaios, selecionamos alguns dos textos em que Orwell fala sobre livros e linguagem. Num primeiro momento, pode parecer que esses ensaios são mais *divertidos* do que o grosso de sua obra, e em parte até são (sim, um sebo londrino é de fato mais aconchegante que a Guerra Civil Espanhola, que não fique dúvidas). Mas se engana quem acha que eles são apolíticos ou neutros de alguma forma: toda a ânsia política de Orwell está presente na maneira com que lê e escreve.

Em *Memórias de Livraria*, o autor nos leva para um sebo abarrotado e poeirento em uma cidade chuvosa. Para além do paraíso que isso promete às pessoas que leem, ele nos mostra todas as frentes comerciais que o sebo teve de adotar para sobreviver, já que a venda de livros não basta. Entre o comércio de produtos natalinos e vários outros itens até a locação de livros, os donos de livrarias de rua já rebolavam para sobreviver. "Os conglomerados nunca vão conseguir espremer os vendedores pequenos e independentes do mercado como conseguiram com as lojas de comida ou os leiteiros", diz ele de maneira otimista – claro, Bezos ainda levaria 28 anos para nascer e outros 30 para criar a Amazon.

Livros e Cigarros entra em uma discussão interessante: será que livros são tão caros assim? A argumentação de Orwell é consistente. Considerando o gasto médio de um homem inglês com cigarros e bebidas, mostra que livros até que eram acessíveis, custando menos do que o gasto médio com essas substâncias. Ou seja, uma questão de prioridade, não de custo em si. Uma das últimas pesquisas sérias sobre tabagismo no Brasil (A Petab, do IBGE, com dados de 2008 e divulgada em 2009), indica que o fumante diário gastava em média R$ 78,43 por mês – um valor com o qual se compra um livro, talvez dois. O importante debate sobre o preço do livro continua existindo: entre a concorrência desleal das multinacionais, o aumento do dólar (e consequente aumento no preço do papel) e as conversas recorrentes sobre o aumento da taxação dos livros, cabe-se pensar se hoje a opção é mesmo apenas uma questão de prioridade.

A relação da escrita com a política é um dos temas de *Por que escrevo* – para Orwell, o impulso da escrita perpassa em grande parte questões públicas, como a motivação histórica ou o objetivo político. A ideia vai um pouco na linha de "em tempos tão conturbados, é impossível não falar sobre a conturbação". Mas quais momentos não são conturbados? Em retrospecto, é possível ver a época de Orwell como *particularmente* conturbada. Ainda assim, não temos essa visão panorâmica enquanto vivemos o presente. Se pensarmos assim, do ponto de vista de Orwell, a literatura está extremamente conectada ao mundo.

Bons livros ruins traz uma discussão que volta e meia ressurge na mídia – desde 2020, por exemplo, com a criação da categoria de livros de entretenimento no Prêmio Jabuti. Aqui, parece haver uma distinção estética entre um bom livro e um livro que entretém, sem possuir as qualidades formais tidas como um bom livro. De *guilty pleasures* a Paulo Coelho, é uma separação constante que ainda não foi superada entre o que a crítica considera bom e os livros que são vendidos, lidos e amados amplamente. E o texto de Orwell é quase uma homenagem a eles: os bons livros ruins, tão importantes para um domingo tedioso ou um período difícil.

Um dos meus favoritos é possivelmente *Confissões de um crítico literário* (sim, apesar da exclusão das mulheres dentro desse texto me incomodar bastante, o suficiente para levantar esse assunto duas vezes em um mesmo texto). Escrever uma resenha encomendada é mais ou menos assim – um processo com seus altos e baixos. O perigo é apenas pensar como uma conversa mediana sobre literatura não pode, no fim, afastar leitores por completo.

Em defesa da literatura traz um debate importante e atual sobre a liberdade de imprensa e a liberdade de expressão – falando inclusive da falta de liberdade de expressão nesse debate. *A Política e a Língua Inglesa* permanece no mesmo tema, ressaltando como características da língua, desde vocabulários obscuros a construções rebuscadas, têm um uso político na falta de clareza dos discursos e debates – o que reconhecemos facilmente quando lemos um jornal.

O último ensaio da coletânea é *Política Vs. Literatura: uma análise das Viagens de Gulliver*, na qual o autor mostra novamente o quanto a política pode estar presente na literatura e vice-versa, propondo uma análise político-literária de uma obra que pode ser até considerada infantil.

No fim, esses ensaios mostram claramente a linha de pensamento de Orwell: a literatura e a política são atos de linguagem, e se assemelham ou se aproximam constantemente. No jeito que falamos sobre o que falamos, no que lemos e discutimos, no que passamos adiante e no que mantemos para nós mesmos. Impossível não ser político, dizia Orwell, nesses tempos conturbados – e talvez também dissesse o mesmo sobre os nossos tempos.

Gisele Eberspächer graduou-se em Jornalismo e em Letras Português-
-Alemão. Possui mestrado e cursa doutorado em Estudos Literários pela
Universidade Federal do Paraná. Traduziu obras do alemão e do inglês,
incluindo autores como Elfriede Jelinek, Thomas Bernhard, Atef Abu Said
e Narges Mohammadi. Atua como crítica literária desde 2012, com textos
publicados no Jornal Rascunho, Jornal Cândido e Revista Quatro cinco um.
Também mantém o canal "Vamos falar sobre livros?" no YouTube.

Nascido em 25 de junho de 1903, em Motihari, na Índia, então colônia inglesa, **George Orwell** (pseudônimo de Eric Arthur Blair) foi um escritor, jornalista e ensaísta britânico.

Depois de sua família ter voltado para a Inglaterra em 1907, Orwell foi educado em escolas particulares. Em encontros inesperados, neste período o jovem Orwell teve aulas de francês com Aldous Huxley, antes deste se tornar um escritor. Depois de terminar os estudos, Orwell serviu na Polícia Imperial Indiana em Birmânia (atual Mianmar), onde viveu entre 1922 e 1927. Essa experiência marcou o início de sua crítica ao Imperialismo Britânico – como mostra no romance *Dias na Birmânia*. Após retornar à Inglaterra, Orwell começou a trabalhar como jornalista e escritor.

Durante a década de 1930, engajou-se com o movimento socialista. Ele lutou na Guerra Civil Espanhola (1936-1939), combatendo ao lado das forças republicanas contra os franquistas, uma experiência que impactou sua obra. Os abusos do totalitarismo soviético fizeram com que adotasse uma posição crítica em relação ao fascismo e ao estalinismo, acreditando que estes governos eram prejudiciais para o avanço da esquerda. A crítica ao totalitarismo dá origem a uma de suas obras mais conhecidas: a sátira *A Revolução dos Bichos*, de 1945.

    Uma de suas obras mais celebradas foi escrita logo depois, em 1949, o romance distópico *1984*. O livro retrata uma sociedade opressiva, vigiada por um governo totalitário liderado pelo "Grande Irmão", um símbolo de vigilância e controle absoluto. Orwell cria, com o livro, uma maneira de abordar suas críticas: a Novafala, uma das formas do regime de controlar o pensamento das personagens. Trata-se de uma materialização ficcional da crítica feita no ensaio *A política e a língua inglesa*.

    O escritor sofreu com problemas de saúde durante seus últimos anos, incluindo tuberculose, que o levou à morte em 1950, aos 46 anos. Orwell deixou como legado romances e ensaios que continuam sendo lidos e debatidos ao redor do mundo. Apaixonado por jardinagem, Orwell cultivava rosas em sua casa em Hertfordshire, algumas das quais florescem até hoje no local.

Copyright © 2025 by Lote 42 e Gisele Eberspächer
para a presente edição

Todos os direitos reservados. Nenhuma parte desta edição pode ser utilizada ou reproduzida nem apropriada ou armazenada em sistema de banco de dados sem a expressa autorização da editora.

Texto fixado conforme as regras do Novo Acordo Ortográfico da Língua Portuguesa (Decreto Legislativo nº 54, de 1995)

Edição geral Cecilia Arbolave e João Varella
Design Casa Rex
Tradução e organização Gisele Eberspächer

1ª edição, Livraria Gráfica, 2023
2ª edição, Lote 42, 2025

Dados Internacionais de Catalogação na Publicação (CIP)
de acordo com ISBD

O79n   Orwell, George
            Na livraria com Orwell / George Orwell ;
        traduzido por Gisele Eberspächer. - 2. ed. - São
        Paulo : Lote 42, 2025.
            128 p. ; 14cm x 21cm.

            ISBN: 978-65-87881-05-8

            1. Literatura - Ensaio. 2. George Orwell. 3.
        Livros. 4. Livrarias. I. Eberspächer, Gisele. II. Título.

                                        CDD 808.84
2025-378   CDU 82-4

Elaborado por Odilio Hilario Moreira Junior - CRB-8/9949

LOTE 42
Rua Barão de Tatuí, 302, sala 42
São Paulo, SP 01226-030
lote42.com.br

Equipe Batista, Cecilia Arbolave, Davi Monteiro, Guilherme Ladenthin, Ian Uviedo, João Varella, Juliana Panini Silveira, Laura Mazzo, Mariana Lensoni e Natalia Varella.

Este livro foi impresso em maio de 2025
na gráfica Rettec, com papel off-white 80g/m^2
no miolo e papel-cartão 250 g/m^2 na capa.
As famílias tipográficas usadas são Glosa Text,
Object Sans e Fraunces. A obra teve uma
primeira edição em 2023 pela Livraria Gráfica.

Na livraria com Orwell é o livro nº 58 da Lote 42.